FACULTÉ DE DROIT DE POITIERS.

DE L'ÉTABLISSEMENT

DES SERVITUDES

PAR LE FAIT DE L'HOMME

EN DROIT ROMAIN ET EN DROIT FRANÇAIS

THÈSE

PRÉSENTÉE A LA FACULTÉ DE DROIT DE POITIERS

POUR OBTENIR LE GRADE DE DOCTEUR

ET

SOUTENUE LE VENDREDI 5 JUILLET 1872, A DEUX HEURES DU SOIR

DANS LA SALLE DES ACTES PUBLICS DE LA FACULTÉ

PAR

Albert MARTINEAU,

Avocat à la Cour de Poitiers.

POITIERS

IMPRIMERIE DE A. DUPRÉ

RUE NATIONALE

1872

DE L'ÉTABLISSEMENT

DES SERVITUDES

PAR LE FAIT DE L'HOMME

EN DROIT ROMAIN ET EN DROIT FRANÇAIS

THÈSE

PRÉSENTÉE A LA FACULTÉ DE DROIT DE POITIERS

POUR OBTENIR LE GRADE DE DOCTEUR

ET

SOUTENUE LE VENDREDI 5 JUILLET 1872, A DEUX HEURES DU SOIR

DANS LA SALLE DES ACTES PUBLICS DE LA FACULTÉ

PAR

Albert MARTINEAU,

Avocat à la Cour de Poitiers.

POITIERS

IMPRIMERIE DE A. DUPRÉ

RUE NATIONALE

1872

COMMISSION :

PRÉSIDENT, M. BOURBEAU (C. ✳), profess. et doyen honor.

SUFFRAGANTS, {
M. RAGON ✳,
M. ARNAULT DE LA MÉNARDIÈRE,
M. LECOURTOIS,
M. THÉZARD,
} Professeurs

A MA FAMILLE, A MES AMIS.

· DROIT ROMAIN.

NOTIONS GÉNÉRALES.

Les servitudes sont un démembrement, mais quelquefois aussi un complément de la propriété. Tracer leur histoire, c'est donc faire, en quelque sorte, celle de la propriété. Elles se divisent en trois grandes classes ; elles sont en effet naturelles, légales, émanant du fait de l'homme.

A l'origine du monde, les hommes étaient épars sur la surface du globe, seuls, isolés, sans aucune relation entre eux, ne s'approchant que pour se combattre, vivant au fond des rochers ou dans des huttes misérables et mal bâties. Les servitudes légales et émanant du fait de l'homme devaient être ignorées à cette époque, mais déjà certainement les servitudes naturelles existaient, et en effet celui qui avait bâti sa hutte au bas d'un rocher était bien forcé de recevoir l'eau qui en découlait : c'était une servitude qui lui était imposée par la situation des lieux et à laquelle il ne pouvait se soustraire qu'en transportant ailleurs son habitation.

Le sol appartenant aux premiers hommes avait une étendue immense, mais non pas sans limites, et cette étendue était d'autant plus grande que le

1

nombre des propriétaires était moins considérable. A
ces propriétés il fallait bien des bornes afin que chacun
ne pût empiéter sur les droits de son voisin. La servitude naturelle de bornage a donc dû naître après
celle dérivant de la situation des lieux. Quelques
auteurs lui donnent comme origine la dispute qui
s'éleva un jour entre les pasteurs d'Abraham et ceux
de Loth. Abraham aurait dit à Loth : « Qu'il n'y ait
» point, je vous prie, de contestations entre vous et
» moi, ni entre vos pasteurs et les miens, parce que
» nous sommes frères. Voilà tout le pays devant vos
» yeux ; retirez-vous, je vous prie, d'auprès moi : si
» vous allez à gauche, j'irai à droite ; si vous choisissez
» la droite, j'irai à gauche. » Nous ne croyons point que
la première apparition de la servitude de bornage date
de cette époque. Que du jour de cette dispute il y ait eu
entre Loth et Abraham une servitude conventionnelle
de bornage, nous l'accordons volontiers, mais il nous
semble difficile d'y voir l'origine de cette sorte de
servitude. La servitude de bornage doit, en effet, avoir
pris naissance à une époque bien antérieure aux
difficultés qui s'élevèrent entre Loth et Abraham, et
les premières bornes qui se montrèrent aux hommes
ont dû être vraisemblablement imposées par la nature elle-même : par exemple la mer, le désert, les
fleuves.

Peu à peu l'état de sauvagerie dans lequel vivaient
les premiers hommes se modifia et tendit à disparaître ; la race humaine s'adoucissant, ses besoins
devinrent plus grands, et nos pères sentirent la nécessité de se rapprocher, de s'unir : c'est alors que se

formèrent les peuplades, les tribus, et avec elles parurent les servitudes que nous appelons légales. Il fallait bien en effet, pour ne citer qu'un exemple, permettre à toutes les personnes qui habitaient le même hameau d'approcher du ruisseau qui le traversait ; dans l'intérêt de la salubrité publique, il fallait bien également déterminer les conditions de certaines constructions.

Mais à mesure que les années s'écoulaient, les besoins des hommes augmentaient, et bientôt les servitudes naturelles et légales ne furent plus suffisantes : c'est alors qu'apparurent les servitudes établies par le fait de l'homme. (Bien qu'on puisse soutenir que la véritable origine des servitudes conventionnelles remonte à l'époque où les hommes se trouvèrent réunis, il est certain cependant que les servitudes de cette dernière classe ne prirent du développement que quelque temps après celles des deux premières.) Chacun ici-bas cherche son bien-être et fait souvent les plus grands sacrifices pour se procurer le plus petit agrément. C'est ainsi qu'un propriétaire, ayant de sa maison une vue magnifique sur les campagnes environnantes, acquiert de ses voisins la promesse de ne pas élever leurs maisons au-delà d'une hauteur déterminée. Ainsi donc, nous avons les trois espèces de servitudes qui existent encore aujourd'hui : servitudes naturelles, légales, conventionnelles.

C'est donc à tort que la plupart de nos vieux auteurs, entre autres Basnage (sur l'art. 607 Cout. de Normandie), ont écrit que les servitudes étaient une institution contre nature. Ces auteurs nous paraissent avoir confondu (ce qui, à cette époque, était bien excusable) les véritables servitudes avec ces autres institutions qui existaient en grand nombre sous la féodalité, et qui, pour la plupart, étaient aussi contraires à la liberté de la propriété qu'à la morale et, disons-le, à la liberté individuelle. Basnage compare la servitude à l'esclavage, et s'écrie que l'un et l'autre ont été établis par l'avarice et l'ambition des hommes. Cette proposition, vraie en ce qui concerne l'esclavage, ne saurait être admise pour la servitude, telle que l'ont comprise le droit romain et notre Code, telle aussi que la supposent les nécessités sociales qui l'ont fait accepter par toutes les législations.

Ce qu'il faut remarquer dans le rapide historique que nous venons de tracer, c'est cette gradation lente et successive qui, d'une propriété parfaitement libre à l'origine (sauf en ce qui concerne certaines servitudes, dérivant de la situation des lieux, qui naissent avec la propriété), fait une propriété asservie non-seulement par la loi, mais encore par la volonté des individus et dans l'intérêt de l'agriculture ou des relations qu'ils créent entre eux.

Le droit romain nous offre un exemple frappant de ce que nous avançons. La loi des Douze Tables, en effet, ne reconnaît et ne réglemente que les servitudes naturelles et légales. Au moment où ces lois furent mises en vigueur, le peuple romain, guerrier et encore barbare, plus occupé de guerres et de conquêtes que de travaux champêtres, ignorait les jouissances d'une vie paisible, et ne connaissait des servitudes que ce qui était nécessaire, indispen-

sable à toute société à peu près organisée. Mais peu
à peu Rome étendit sa puissance ; les mœurs de ses
guerriers, mises en contact avec celles des nations
vaincues, s'adoucirent sensiblement, et les Romains
apprirent à connaître les bienfaits de la paix. Les soldats étaient victorieux : il fallait les récompenser ; on
leur concéda donc des terres, et on leur donna la fa-
cilité de les rendre productives. Pour arriver à ce
résultat, on fit en sorte que rien n'entravât la pro-
duction, et que tout, au contraire, la favorisât. On
permit aux propriétaires voisins de s'ouvrir mutuel-
lement des passages sur leurs fonds pour simplifier
l'exploitation, de mettre en commun leurs eaux ou
de les partager avec ceux qui n'en avaient pas pour
arroser les champs. Ces servitudes étaient celles qu'on
appelait rurales, et la loi, les identifiant avec les
héritages qu'elles servaient à exploiter, leur fit une
large part dans ses mesures de protection et de faveur. Après elles viennent les servitudes urbaines. La
distinction entre ces deux sortes de servitudes
offre un intérêt capital, dont nous traiterons plus
loin.

Les servitudes se divisent en deux grandes classes :
les servitudes personnelles, et les servitudes réelles :
« *Servitutes aut personarum sunt... aut rerum* »
(Dig., liv. VIII, tit. I, *De Servit.*, L. 1). Une servitude
est personnelle lorsqu'elle est constituée au profit
de telle personne déterminée ; elle est, au contraire,
réelle quand elle est constituée, pour l'avantage et
l'utilité d'un immeuble, sur un autre immeuble,
abstraction faite du propriétaire.

Notre thèse a pour but de rechercher de quelles manières on peut établir les servitudes réelles.

Ces servitudes se divisent en servitudes rurales, *servitutes prædiorum rusticorum*, et servitudes urbaines, *servitutes prædiorum urbanorum*. Nous avons déjà indiqué cette division, en faisant observer qu'elle était très-importante. Les conséquences qu'elle entraînait étaient surtout remarquables relativement à la manière de constituer lesdites servitudes.

Parmi les nombreuses différences qui séparent les servitudes rurales des servitudes urbaines, nous remarquerons les suivantes :

1° Les servitudes urbaines sont, en général, continues; les servitudes rurales, au contraire, sont discontinues. Ces dernières peuvent donc s'éteindre par cela seul qu'on est resté un certain temps sans les exercer, *non utendo tolluntur;* tandis que les premières, qui peuvent s'exercer sans le fait actuel de l'homme, ne s'éteignent point par le simple non-usage.

2° Les servitudes rurales peuvent être hypothéquées; les servitudes urbaines ne le peuvent pas. Quel est le sens de cette proposition? car la servitude, une fois constituée au profit d'un fonds, s'identifie tellement avec ce fonds que le propriétaire ne peut pas engager l'un sans l'autre, le fonds, par exemple, abstraction faite de la servitude qui lui appartient. Notre règle doit ainsi être comprise : Un propriétaire, ayant besoin d'argent, cherche à en emprunter, mais il ne peut parvenir à contracter d'emprunt qu'en donnant une certaine sûreté à son créancier. Ne voulant pas hypothéquer son fonds tout entier, il peut (s'il s'agit d'une servitude rustique) donner pour sûreté une servitude à prendre sur son fonds. A défaut de remboursement à l'époque convenue, le créancier pourra grever le fonds de son débiteur d'une servitude. Cette charge, qui, la plupart du temps, sera d'une grande utilité pour les propriétaires voisins du fonds appartenant au débiteur, pourra être vendue fort cher par le créancier, qui rentrera ainsi dans ses déboursés. Il n'en saurait être ainsi pour une servitude urbaine, car, en général, cette servitude ne saurait convenir à un grand nombre de voisins, et le créancier non payé à l'échéance risquerait fort, en mettant en vente une pareille servitude, de ne pas trouver d'enchérisseurs.

3° Enfin, et cette dernière différence est la plus importante, les servitudes rurales (servitudes d'héritages ruraux situés en Italie ou jouissant du *jus italicum*, car les fonds provinciaux ne sont pas susceptibles de mancipation), bien que choses incorporelles, étaient rangées parmi les *res mancipi*, et pouvaient, par conséquent, être acquises par la mancipation ; les servitudes urbaines, au contraire, étaient *res nec mancipi*, et ne pouvaient être acquises par ce mode solennel. — Nous parlons, bien entendu, de l'époque antérieure à Justinien, cet empereur ayant abrogé cette distinction.

La cause de cette dernière différence, différence qui surprend au premier abord, a été recherchée par les auteurs ; elle se trouve, selon nous, dans ce que nous avons dit précédemment. Nous avons montré, en effet, l'extrême faveur qui s'était attachée aux servitudes rurales, qui tendaient à faciliter l'exploitation de terrains concédés à d'anciens soldats. Ces servitudes étaient comprises dans les choses les plus précieuses pour eux à cette époque, *pretiosioribus rebus* (Gaïus, *Inst.*, Com. I, § 192). Les Romains avaient donc cru devoir ne pas tenir compte du caractère de choses incorporelles qu'elles présentaient, et avaient décidé qu'elles rentreraient dans la classe des *res mancipi*. Il ne pouvait pas en être de même pour les servitudes urbaines. L'intérêt que pouvait présenter l'amélioration de la jouissance des bâtiments ne fut pas pris en même considération ; ce n'est que bien plus tard que les Romains comprirent l'immense avantage de ces servitudes, et, à cette époque, la mancipation avait déjà perdu de son importance et la nature de leur législation ne leur permettait pas d'étendre cette mancipation d'un cas à un autre. D'ailleurs, dans les premiers temps, les servitudes établies à ce point de vue devaient être assez rares, puisqu'il était d'usage d'isoler chaque habitation : d'où le nom d'*insulæ* appliqué aux maisons.

Nous connaissons maintenant l'utilité de la distinction des servitudes en urbaines et rurales. Mais quels sont les caractères de cette distinction ? Cette question est des plus controversées et des plus difficiles. Les nombreux textes que nous possédons sur cette matière sont loin d'être d'accord entre eux ; la plupart sont conçus de telle façon que chaque opinion les invoque et les cite en sa faveur. Nous allons cependant examiner ce problème, et nous espérons, en

étudiant scrupuleusement les textes, arriver à découvrir quelle a été la véritable pensée du législateur
romain.

Une première opinion, soutenue et développée avec
beaucoup de talent par M. Machelard dans son *Examen critique des distinctions admises en ce qui concerne les servitudes prédiales*, consiste à dire que
les servitudes prédiales étaient tantôt rurales, tantôt
urbaines, suivant que le fonds dominant était lui-
même un fonds de terre ou un édifice. Les Romains,
nous dit le savant professeur, qualifiaient les servitudes d'après le sujet au profit duquel elles étaient
établies, et ils ne considéraient les servitudes prédiales que comme des qualités avantageuses pour un
fonds. Cette phrase de Celsus le prouve surabondamment : « *Quid aliud sunt jura prædiorum quam
prædia qualiter se habentia, ut bonitas, salubritas,
amplitudo?* » De même qu'une servitude personnelle
était ainsi appelée parce que le droit se trouvait attaché
à une personne, de même une servitude prédiale était
urbaine ou rurale, suivant que le fonds en faveur
duquel elle était exercée constituait un *prædium ur-
banum* ou un *prædium rusticum* : « *Servitutes aut
personarum sunt, ut usus et ususfructus; aut rerum,
ut servitutes rusticorum prædiorum et urbanorum* »
(L. 1, Dig., *De Servit.*). C'est le caractère de l'immeuble, sujet avantagé par le droit, qui doit servir à
qualifier la servitude prédiale, de même que c'est la
personne, sujet titulaire du droit, qui sert à dénom-
mer la servitude comme personnelle.

Le système de M. Machelard, que nous n'avons fait

qu'exposer, car le format de notre thèse nous empêchait de rentrer dans de plus grands détails, bien que soutenu avec un talent remarquable, ne saurait nous convaincre. Les textes, en effet, que le savant professeur invoque à l'appui de son système (consulter l'ouvrage, n°⁵ 26, 27, 28 et suivants), et qui tendent à prouver que certaines servitudes étaient tantôt urbaines et tantôt rurales, suivant que le fonds dominant était un bâtiment ou un fonds de terre, nous paraissent loin d'être bien concluants, et ne sauraient lutter avec les suivants, qui placent toujours le droit de passage, d'aqueduc parmi les servitudes de fonds ruraux : *Jura prædiorum rusticorum, velut via, iter, actus, aquæductus* (Ulpien, *Reg. juris*, tit. xix, § 1ᵉʳ). *Rusticorum prædiorum jura sunt hæc : iter, via, actus, aquæductus* (*Inst.*, liv. II, tit. iii, *princ.*). Or il existe des lois qui nous disent que ces servitudes peuvent être dues à des héritages urbains, sans ajouter que, dans ce cas, elles changeront de nature (voir Dig., liv. VIII, tit. iv, L. 14, Julien ; — Dig., liv. VIII, tit. ii, L. 20, § 1ᵉʳ, Paul ; — Dig., liv. XLIII, tit. xx, L. 1, § 2, Ulpien). Le système enseigné par M. Machelard a de plus l'inconvénient, ainsi que le fait remarquer Vinnius (*Comment. de Inst.*, liv. II, tit. iii, § 1), de subordonner la nature de la servitude, et les conséquences importantes de cette nature, à la circonstance que le fonds serait ou ne serait pas bâti.

Une opinion beaucoup moins accréditée que la précédente, et dont nous ne parlerons que pour mémoire, car elle se réfute par les mêmes raisons qui combattent l'opinion que nous venons de rejeter, consiste à dire que c'est le fonds servant qui caractérise la servitude. Nous nous bornerons à citer le texte suivant, qui la repousse d'une façon évidente : « *Iter nihil prohibet ut quis interdiu duntaxat eat , quod fere circa prædia urbana etiam necessarium est* » (Dig., L. 14, *Com. præd.*). Ce texte, où il est dit que rien n'empêche de limiter aux heures de jour l'exercice d'un *iter*, ajoute que c'est même une nécessité *circa prædia urbana : circa,* c'est-à-dire à l'*égard des héritages urbains,* et non pas seulement en faveur des héritages urbains, ce qui se peut entendre aussi bien du fonds dominant que du fonds servant.

Stever a imaginé une autre division, qui est approuvée et défendue par MM. de Vangerow, *Lehrbuch der Pandekten* (1), et Maynz, *Éléments de droit romain* (2). D'après ces auteurs, il y a trois sortes de servitudes : 1° la servitude *habendi,* celle qui autorise le propriétaire du fonds dominant à avoir en permanence un ouvrage qui nuit au fonds servant : par exemple la servitude *tigni immittendi;* 2° la servitude *prohibendi,* qui limite pour le propriétaire la faculté de disposer de son fonds : par exemple la servitude *ne altius tollatur;* 3° enfin la servitude *faciendi,* ou faculté d'exercer certains actes sur le fonds servant : par exemple *eundi , agendi.* Les deux premières sortes de servitudes correspondraient aux servitudes urbaines, la dernière sorte aux servitudes rurales.

Nous ne croyons pas devoir accepter cette dernière division. Tout d'abord, il est assez difficile de soutenir

(1) Sixième édition, tome I, § 339, n° 2.
(2) Tome II, § 218.

qu'elle est bien simple et se présente naturellement
à l'esprit ; et l'on ne peut facilement concevoir que les
Romains, pour indiquer une servitude consistant *in
faciendo*, aient employé la qualification de *servitus
prædii rustici*, qui est loin de présenter ce sens. De
même, nous ne saurions admettre que l'expression
servitus prædii urbani ait été jamais employée pour
désigner une servitude consistant *in habendo* ou *in
prohibendo* ; de plus, ils arrivent à violer la loi d'une
façon manifeste dans l'exemple suivant. Il existe au
Digeste (liv. VIII, tit. *De Servitutibus*) une loi 3
ainsi conçue : « *Servitutes prædiorum aliæ in solo,
aliæ in superficie, consistunt.* » Or nous trouvons
dans un texte de Pomponius (L. 15, pr. Dig., *De
Serv.*) qu'un propriétaire pouvait s'engager à ne pas
faire de recherches chez lui pour découvrir l'eau qui
pourrait s'y trouver, afin de ne pas nuire aux sources
du voisin. Cette servitude, appelée *servitus aquam
non quærere*, à quelle classe appartiendra-t-elle ?
C'est une servitude négative, *servitus prohibendi*. Les
partisans du système que nous combattons la classe-
ront donc parmi les servitudes urbaines ; et cependant ce n'est point une servitude *quæ in superficie
consistit*, car elle se conçoit très-bien, abstraction
faite de l'idée de construction. La loi 3, au Dig., *De
Serv.*, sera donc ouvertement violée.

La dernière opinion à laquelle nous déclarons
nous rattacher est la suivante ; c'est par le caractère
même de la servitude, par ce qui est nécessaire à son
existence, qu'il faut déterminer la nature invariable
de la servitude : Toute servitude à laquelle vous ne

pouvez songer sans que l'idée de construction se présente à votre esprit est une servitude urbaine, lors même qu'il n'existe, pour le moment, aucune construction ; au contraire, est rustique la servitude que vous pouvez concevoir sans qu'elle appelle nécessairement dans votre esprit l'idée de construction (voir Demangeat, *Élém. de droit rom.*, p. 409). Et, en effet, c'est bien là ce que nous dit le jurisconsulte Paul : « *Servitutes prædiorum aliæ in solo, aliæ in superficie consistunt* » (loi précitée). Nous devons cependant reconnaître que la solution que nous donnons est loin de satisfaire tous les auteurs, et nous avouons qu'elle laisse certains textes inexplicables. C'est ainsi que le passage suivant de Nératius : « *Rusticorum prædiorum servitutes sunt, licere altius tollere, et officere prætorio vicini, vel cloacam habere licere per vicini domum, vel prætorium, vel protectum habere licere* » (Dig., liv. VIII, L. 2, pr. *De Serv. præd. rust.*), semble bien classer parmi les servitudes rurales des servitudes qui appartiennent certainement à la classe des servitudes urbaines. Ce texte est d'ailleurs contredit et par les Institutes : « .... *Actio de jure prædiorum urbanorum veluti si agat jus sibi esse altius ædes suas tollendi* » (*Inst.*, liv. IV, tit. VI, § 2), et par le Digeste lui-même : « *Urbanorum prædiorum jura talia sunt, altius tollendi et officiendi luminibus vicini* » (Dig., L. 2, *De Serv. præd. urban.*). Les servitudes qui peuvent se concevoir indépendamment de toute idée de construction, telles que les servitudes de passage, de puisage, sont donc des servitudes rurales ; au contraire, sont urbaines les servitudes qu'on ne peut concevoir sans qu'une idée de construction se présente en même temps à votre esprit : par exemple celles *altius non tollendi*, *luminibus vicini officiendi*. La servitude d'aqueduc est une servitude rurale ; on trouve cependant un texte d'Ulpien qui la range parmi les servitudes urbaines. Ce texte est ainsi conçu : « *Itemque servitutibus urbanorum prœdiorum per traditionem constitutis, vel per patientiam, forte si per domum quis suam passus est aquœductum transduci* » (Ulpien, Dig., L. 11, §1er, *De Publiciana in rem actione*). Nous ne voyons là qu'une exception aux principes généraux, exception fondée sur la circonstance que l'aqueduc devait conduire de l'eau dans une maison : ce qui le prouve, c'est qu'Ulpien lui-même, dans un texte que nous avons déjà cité, page 14, range l'aqueduc parmi les servitudes rustiques (1).

Terminons en citant un curieux exemple de servitude de fonds urbain. La servitude de ne pas bâtir est en effet urbaine, et cependant elle peut fort bien exister sans qu'il y ait aucune espèce de construction, ni sur le fonds dominant ni sur le fonds servant. Elle est urbaine, car elle ne peut exister sans que l'idée de superficie se présente à l'esprit.

(1) Peut-être aussi le texte n'a-t-il pas été rapporté dans sa pureté primitive, et a-t-il été corrigé par les compilateurs du Digeste.

DE L'ÉTABLISSEMENT DES SERVITUDES RÉELLES.

L'état normal des fonds de terre est l'état de liberté. Cette liberté se compose de deux choses principales; il est permis au propriétaire de faire sur son fonds tout ce qu'il lui plaira, pourvu qu'il ne gêne en rien le droit de son voisin; personne n'est forcé de subir les empiétements du voisin sur sa propre chose.

La première de ces deux propositions est tellement certaine, qu'il nous semble inutile de nous y arrêter bien longtemps; et non-seulement chacun peut faire sur son fonds les changements qui lui plaisent, mais encore on ne doit pas se préoccuper si ces changements incommodent ou non le voisin. Ainsi on pourrait très-bien élever un bâtiment, bien que ce bâtiment, par sa hauteur, enlève au voisin une vue magnifique qui s'étendait sur les endroits environnants. Cette liberté des héritages est cependant quelquefois limitée, dans l'intérêt général, par le droit public : c'est ainsi que les lois de la cité donnent quelquefois aux édifices une certaine hauteur qu'on ne peut dépasser malgré l'opposition des voisins (1). Une constitution de Justinien a décidé qu'il n'était pas permis d'élever sur son fonds et contre la cour du voisin aucun édifice, si la cour est disposée pour battre et venter le blé et si l'élévation du bâtiment est de nature à empêcher le vent d'arriver de façon

(1) Dig., L. 11, *De Serv. urban. præd.,*

à enlever les pailles qui se trouvent mêlées avec le froment (1).

La dernière de ces deux propositions doit également être considérée comme certaine. Il n'est permis à personne d'empiéter sur la propriété de son voisin. Bien plus, si un mur construit sur notre fonds vient, par suite d'une mauvaise construction ou par vétusté, à faire le ventre de telle façon qu'il penche sur la maison du voisin d'un demi-pied ou plus, le voisin n'est pas forcé de le subir (L. 17, Dig., *Si serv. vind.*).

Une chose libre est donc celle sur laquelle on peut faire ce que l'on veut, et à laquelle le voisin n'a pas le droit de toucher. Lorsqu'il n'en est pas ainsi, par exemple lorsque le propriétaire n'est pas libre de faire ce qu'il veut, ou lorsqu'il est forcé de subir les empiétements du voisin, la chose est en servitude.

Les servitudes prédiales dérivent soit de la nature des lieux, soit du fait de l'homme. Les premières sont peu nombreuses et ne nous arrêteront que quelques instants. Ainsi le fonds inférieur doit recevoir les eaux qui découlent du fonds supérieur, et ce désagrément est en définitive, ainsi que le dit Ulpien, compensé par un avantage; car, en recevant cette eau, le fonds inférieur reçoit également l'engrais qui s'y trouve mêlé (Ulp., L. 1, §§ 22 et 23, *De Aqu. pluv. arc.*, Dig.).

Dans toute constitution de servitudes, trois choses sont à remarquer : la personne de celui qui consent la servitude, la personne de celui qui l'acquiert, enfin le mode de constitution.

(1) Code, L. 14, § 1, *De Serv.*

Pour constituer une servitude sur un fonds, il faut être propriétaire dudit fonds. On ne pourrait donc pas imposer une servitude sur un lieu qui contient un mort, car les lieux de sépulture sont des choses religieuses et ne peuvent être dans notre patrimoine.

Et il ne suffit pas d'être propriétaire, il faut encore être propriétaire unique et non par indivis. Un propriétaire d'une portion indivise du terrain ne peut constituer de servitudes, pas même pour sa part (Dig., L. 34, *De Serv. rust. præd.*). Et, en effet, ces parts sont tellement confondues entre elles, que l'une ne peut exister sans l'autre, et qu'on ne peut toucher à l'une sans atteindre les autres. Mais aussitôt que l'indivision aura cessé, chaque propriétaire pourra imposer telle servitude qu'il lui plaira sur la part qui lui est advenue.

Cette règle que nous donnons pour les servitudes prédiales ne saurait s'appliquer à l'usufruit, et nous devons dire qu'un propriétaire par indivis peut fort bien donner à un tiers la jouissance de sa part en usufruit sur le fonds commun, de telle sorte que l'usufruitier partagera la jouissance avec les autres propriétaires. Cette distinction entre l'usufruit et les servitudes se comprend facilement. L'usufruit, en effet, a pour but la perception des fruits : c'est là toute son utilité ; or les fruits sont très-bien susceptibles de division, et peuvent s'acquérir sans qu'on empiète sur les droits des coüsufruitiers. La servitude, au contraire, est indivisible ; elle s'exerce par l'usage, et ne consiste que dans cet usage ; après lui, rien de corporel ne subsiste qui puisse être divisé entre les associés.

Ce que nous venons de dire ne doit s'entendre que de la constitution faite par un seul des copropriétaires. Si tous constituaient la servitude, la solution serait tout autre ; si tous ensemble, et dans le même temps, donnaient leur consentement, cette servitude se trouverait constituée aussi valablement que si elle avait été consentie par un seul propriétaire sur ses immeubles. Si, au contraire, le consentement n'avait lieu que séparément et à certains intervalles, les constitutions faites les premières resteraient en suspens tant que les dernières ne se seraient pas produites, mais ces dernières confirmeraient toutes celles antérieures. Et Paul dit aussi « qu'il est reçu que plusieurs copropriétaires vendant leurs portions, quoiqu'en différents temps, peuvent imposer ou acquérir des servitudes, de manière que la dernière cession confirme toutes les autres, comme si elles avaient été faites toutes en même temps ; et, par conséquent, si celui qui a cédé le premier est décédé, ou s'il a aliéné sa portion n'importe comment, la cession que ferait depuis son copropriétaire ne serait pas valable, car le consentement de ce dernier ne donne pas un effet rétroactif à la servitude ; bien au contraire, on considère les copropriétaires comme ayant tous consenti à la date de la dernière constitution » (Dig., L. 18, *Com. præd.*; Paul).

Ce que nous disons de deux copropriétaires qui grèvent leur fonds de servitudes à des époques différentes doit s'appliquer à deux copropriétaires qui lèguent séparément une servitude. Si l'adition à leur hérédité a lieu en même temps, la servitude est vala-

blement constituée ; si, au contraire, cette adition a
lieu à des époques différentes, le legs est nul, car, ainsi
que le dit Paul, liv. I *Manualium*, « il est reçu que
les dispositions des morts ne peuvent rester en suspens comme celles des vivants. » Une servitude consentie par un copropriétaire sur un fonds indivis n'est
donc pas valable. Cependant cette cession n'est pas
tout à fait inutile, et ledit copropriétaire ne serait pas
reçu à soutenir que la servitude qu'il a ainsi consentie
l'a été sans droit ; la personne au fonds de laquelle
elle a été attachée peut la réclamer ; et si celui
qui la lui a consentie oppose qu'à la vérité cette
servitude a bien été accordée par lui, mais non par
ses associés, elle répondra à cette exception par
une réplique *de pacti et doli mali*, disant : Vous avez
cédé, et vous avez voulu que la servitude soit valablement constituée, alors même que vos coassociés
ne vous imiteraient point : respectez donc votre convention. (Voir, d'ailleurs, l'*Appendice*.)

Nous avons vu que, pour consentir une servitude, il
faut être propriétaire du fonds sur lequel on l'impose.
De même, pour acquérir une servitude, il faut être
propriétaire du fonds en faveur duquel on l'acquiert.
Il n'en est pas encore ainsi cependant pour l'usufruit,
car l'usufruit est une servitude personnelle et non
prédiale. On décide que le sépulcre et l'édifice futur,
qui semblent cependant ne pouvoir appartenir à
personne, peuvent acquérir une servitude. Quant au
sépulcre, la seule servitude qu'il puisse acquérir est
celle de passage. Quel est le motif de cette déro-

gation au droit commun? Cette exception a-t-elle été
admise en faveur de la religion, parce qu'un lieu de
sépulture, sans passage pour y arriver, serait complétement inutile? oui, sans doute. Mais une autre
raison existe, et elle nous est donnée par Paul (liv. XV,
ad Sabinum, L. 14, Dig., *De Serv.*). La servitude de
passage pour se rendre à un sépulcre, nous dit ce
jurisconsulte, reste de droit privé; elle peut donc,
après que le lieu a été rendu religieux, soit être
remise au propriétaire du fonds servant, soit être
acquise.

Pour ce qui est de l'édifice que nous nous
proposons d'élever sur notre sol, il n'existera que
lorsque nous l'aurons élevé; jusqu'à ce moment, il
comptera parmi les choses futures. Cependant nous
disons qu'on peut acquérir ou imposer une servitude, en faveur ou sur ce futur édifice. On peut très-
bien, par exemple, donner à son voisin le droit
d'appuyer sa poutre sur les maisons qu'on se propose
d'élever. Cette constitution aura cet effet, qu'aussitôt la maison bâtie, la servitude existera, sans qu'il
soit besoin de nouvelle constitution.

Celui qui acquiert une servitude doit, comme celui
qui l'établit, être seul propriétaire. Un copropriétaire
ne pourrait donc pas acquérir une servitude pour un
fonds indivis. On ne peut, en effet, rien acquérir pour
une chose qui ne nous appartient pas; or un copropriétaire ne peut acquérir rien pour sa part sans
acquérir en même temps, et par la même raison, au
profit des autres parts qui ne lui appartiennent pas.

Du reste, les exceptions que nous avons déjà si-
gnalées au sujet de la constitution des servitudes
doivent être admises ici.

Ce que nous avons dit du propriétaire qui consent ou acquiert une servitude doit s'appliquer à
l'emphytéote et au superficiaire. Ils peuvent, en effet,
imposer sur le fonds dont ils jouissent une servitude
qui ne vaudra pas *ipso jure*, mais qui sera protégée
au moyen d'une action utile accordée par le préteur :
« *Servitutes quoque prætorio jure constituentur :
et ipsæ ad exemplum earum quæ ipso jure constitutæ sunt, utilibus actionibus petentur* » (L. 1, § 9,
De Superfic., Dig.). Si l'emphytéote et le superficiaire peuvent imposer une servitude au fonds dont
ils jouissent, à plus forte raison peuvent-ils en
acquérir en faveur de ce fonds ; mais il faut toujours que ce soit pour un *fonds* et au profit d'un
fonds.

Les servitudes établies par le fait de l'homme sont
innombrables, et présentent de nombreuses questions
à décider. Nous allons examiner les principales qui se
trouvent comprises sous notre titre.

Indépendamment des moyens multiples dont l'em-
ploi est autorisé par les textes, il faut dire que les
servitudes peuvent être constituées de deux manières
différentes :

Par *translatio*, lorsque le propriétaire d'un fonds
le grève, au profit du fonds voisin, d'une servitude
par un des modes admis par le droit civil ;

Par *deductio*, lorsqu'en aliénant un de ses fonds,
le propriétaire réserve sur le fonds qui cesse de lui

appartenir un droit de servitude au profit d'un autre fonds dont il conserve la propriété.

Ces deux modes de constitution ne doivent pas être confondus. La déduction est plus efficace, en un certain sens, que la translation. C'est ainsi que nous verrons que les servitudes rurales sont les seules qui puissent être transférées par la mancipation, tandis que la déduction s'applique à toutes ces sortes de charges. En se plaçant à un autre point de vue, on peut dire que les servitudes s'établissent soit *mortis causa*, soit *inter vivos*.

Il y a sept modes différents pouvant servir à l'établissement des servitudes; ce sont : le testament, la mancipation, la cession juridique, l'adjudication, les pactes et les stipulations, la quasi-tradition, la prescription de long temps.

DU TESTAMENT.

Nous avons vu que les servitudes pouvaient s'établir *mortis causa*. Le testament est le seul mode de constitution de cette espèce. Il s'applique à toutes les servitudes, soit réelles soit personnelles : *Ususfructus uniuscujusque rei legari potest* (Paul, *Sent.*, liv. III, tit. VI, § 17). Quant aux servitudes prédiales, notre proposition s'appuie sur un titre entier du Digeste, *De Servitute legata*.

Nous ne passerons point une revue minutieuse des différentes façons dont les servitudes peuvent être constituées par testament; nous nous bornerons à

dire qu'elles peuvent l'être par *translation:* par
exemple lorsque le testateur ordonne à ses héritiers
d'agir de telle ou telle façon : « *Potest etiam in tes-*
tamento heredem suum quis damnare, ne altius ædes
suas tollat, ne luminibus ædium vicinarum officiat,
vel ut patiatur eum tignum in parietem immittere,
vel stillicidia adversus eum habere, vel ut patiatur
vicinum per fundum suum, vel heredis ire, agere,
aquamve ex eo ducere » (Dig., L. 16, Com. præd.);
ou bien encore lorsqu'il les établit lui-même en déclarant qu'il lègue telle ou telle servitude à telle personne. Elles peuvent également être établies par
déduction: ce qui a lieu lorsque le testateur déclare,
en léguant un fonds, qu'il entend réserver une servitude au profit des héritages que prennent les personnes qui viennent à sa succession. C'est ainsi que
Proculus pense qu'un testateur peut léguer une
maison de façon qu'elle doive une servitude à une
autre maison de sa succession, en disant : je lègue à
tel, telle maison, à condition de permettre à mon
héritier d'exhausser la sienne ; ou bien : je donne à
tel, l'usufruit de telle maison, jusqu'à ce qu'il plaise
à mon héritier d'exhausser la sienne.

Avant Justinien, on distinguait en droit romain
quatre espèces de legs : le legs *per vindicationem,* le
legs *per damnationem,* le legs *sinendi modo,* le legs
per præceptionem.

Le legs *per vindicationem* était le seul qui donnât
l'action réelle de la revendication, et opérât par lui-
même l'aliénation, sans le secours d'aucun autre
mode du droit civil : « *Post aditam hereditatem,*

statim ex jure quiritium res legatarii fit » (Gaius, Com. II, § 194).

Le legs *per damnationem* n'avait point le même effet, et, dans ce cas, la servitude restait due par l'héritier au légataire. Paul, dans ses *Sentences*, fait ainsi ressortir la différence entre les effets de l'un et de l'autre, au point de vue de l'établissement des servitudes : « *Ex causa quidem damnationis, per heredem præstabitur, ipso autem jure per vindicationem* » (Paul, *Sent.*, liv. III, tit. VI, § 17).

Les *Institutes* de Justinien ne font mention, comme constitution des servitudes par testament, que du legs *per damnationem*. Mais cette considération ne nous arrêtera pas, car, par une constitution qui se trouve au Code (L. 1, tit. XLIII, liv. VI), cet empereur avait assimilé tous les legs entre eux, et, sans s'attacher aux termes dans lesquels ils étaient conçus, il leur avait donné à tous, les effets du legs *per vindicationem*.

Il ne faut pas cependant appliquer à la lettre les modifications imposées par Justinien, et il y aura nécessairement des exemples où la propriété de l'objet légué ne sera pas transférée de suite au légataire : par exemple lorsque le testateur aura *valablement* légué la chose d'autrui ou une chose indéterminée. Le légataire, dans ce cas, aura l'action personnelle que donnait autrefois contre l'héritier le legs *per damnationem*, sans compter l'action hypothécaire.

DE LA MANCIPATION.

La mancipation était un acte solennel qui ne pouvait se faire qu'entre citoyens romains, devant des témoins citoyens, avec une balance, un lingot de métal, et en prononçant certaines paroles qui formaient la loi des parties.

Ce mode d'aliénation, qui appartient au droit primitif et qui n'existe plus sous Justinien, ne s'appliquait pas à toute espèce de choses. On ne pouvait l'employer qu'avec les *res mancipi*, et nous avons vu que les servitudes rurales étaient seules de ce nombre; elles étaient donc les seules qui pussent s'acquérir par mancipation, encore fallait-il qu'il s'agît de fonds pouvant eux-mêmes être mancipés, c'est-à-dire : du sol italique ou des fonds provinciaux jouissant du *jus italicum*, qui seuls étaient susceptibles du *dominium ex jure quiritium*.

Notons, en passant, qu'il peut paraître étonnant, au premier abord, de voir des choses incorporelles des *jura*, figurer au nombre des *res mancipi*. Le procédé de la mancipation exige, en effet, un objet susceptible d'être appréhendé de la part de l'acquéreur : « *Adeo quidem, ut eum qui mancipio accipit, apprehendere id ipsum quod ei mancipio datur necesse sit : unde etiam mancipatio dicitur, quia manu res capitur* » (Gaïus, Com. I, § 121). Or il est certain qu'une servitude, chose incorporelle, ne peut être saisie de cette façon. Il est probable que les Romains se servaient d'un symbole qui la représentait; mais quel était ce

symbole? nous ne croyons pas que ce soit ici le lieu
de le rechercher.

Nous n'avons pas l'intention de passer en revue
les différentes formalités qui constituaient la mancipation. Nous les avons énumérées, et cela nous paraît
suffisant. Nous nous bornerons à constater que les
servitudes rurales, étant *res mancipi*, étaient soumises à toutes les règles concernant l'aliénation des
res mancipi. Ainsi, pour que la propriété en soit transférée, il faut qu'il ait été fait usage de l'un des modes
du droit civil ; la volonté commune des parties et la
tradition ne suffisent pas.

La femme en tutelle ne peut aliéner aucune *res
mancipi* sans l'autorisation de son tuteur ; elle ne
pourrait donc pas grever son fonds d'aucune servitude rurale sans le consentement de ce tuteur. *Tutoris auctoritas necessaria est mulieribus quidem in
his rebus...... si rem mancipi alienent* (Ulp., *Reg.
juris*, tit. xi, § 27).

La mancipation peut servir à établir des servitudes
rurales, non-seulement par *translatio*, mais encore
par *deductio*, lorsque, par exemple, en mancipant
l'immeuble lui-même, on retient un droit de servitude au profit d'un autre immeuble dont on reste
propriétaire. Dans ce dernier cas, on peut non-seulement *deducere servitutem rusticam*, mais encore
deducere servitutem urbanam. Supposons l'hypothèse du propriétaire d'un héritage qui, vendant
son fonds, veut retenir une servitude urbaine : il peut
très-bien, en mancipant son *prædium*, faire réserve
de la servitude qu'il veut créer. Ce qu'il aliène, c'est

son *prædium*, moins la servitude, qui, en définitive,
est une part de propriété qui échappe à l'aliénation,
et sur laquelle ne porte pas la mancipation : « *Duo-*
rum prædiorum dominus, si alterum ea lege dederit
tibi ut id prædium quod datur, serviat ei, quod ipse
retinet, vel contra, jure imposita servitus intelligi-
tur » (L. 3, Dig., *Comm. præd.*). Gaïus, dans son
Commentaire II, § 33, fait, à propos de l'usufruit,
chose *nec mancipi*, une observation parfaitement
applicable aux servitudes urbaines, lorsqu'il assure
qu'on peut fort bien, en mancipant une propriété,
en réserver l'usufruit au profit de l'aliénateur. (Voir
Fragm. Vat., § 47.)

La réserve de la servitude doit-elle être faite dans
la mancipation elle-même, ou suffira-t-il qu'elle
soit faite dans la convention qui a pu précéder cet
acte solennel ? La raison de douter se trouve dans un
texte de Marcien, ainsi conçu : « *Si binarum ædium*
dominus dixisset eas, quas venderet servas fore, sed
in TRADITIONE *non fecisset mentionem servitutis, vel*
ex vendito agere potest, vel incertum condicere ut ser-
vitus imponatur » (Dig., L. 35, *De Serv. præd.*
urb.). De ce texte il semble bien résulter que la
mention faite au moment de la tradition est suffisante. Nous ne devons cependant pas nous attacher
au sens précis des paroles de Marcien. Le texte que
nous venons de citer a, en effet, été corrigé et refait
par les jurisconsultes chargés de la confection des
Pandectes. Marcien parlait de la mancipation et de
la cession juridique. Ces modes n'existant plus au
moment où l'on travaillait aux Pandectes et ayant été

remplacés par la tradition, les compilateurs ont cru devoir faire ce changement, ne se doutant pas qu'il pouvait donner lieu plus tard à d'importantes difficultés.

D'ailleurs le texte de Marcien, tel qu'il se trouve au Digeste, ne saurait être accepté, par la raison suivante : il nous dit, en effet, qu'une servitude pouvait se constituer par une déduction dans une tradition ; or un texte qu'on trouve dans les *Fragments du Vatican*, texte relatif à l'usufruit, mais qu'on peut très-bien invoquer lorsqu'il s'agit des servitudes, déclare que cela est impossible : « *Civili actione enim constitui potest, non traditione quæ juris gentium est* » (*Frag. Vatic.*, § 47).

DE LA CESSION JURIDIQUE.

Lorsque deux personnes s'étaient entendues, l'une pour acheter le domaine d'une chose, l'autre pour le lui céder, elles se présentaient toutes les deux devant le magistrat ; celui à qui on voulait céder la chose la vendiquait fictivement comme sienne, celui qui voulait la céder ne faisait aucune objection, et le magistrat, comme s'il prononçait sur le droit, déclarait la chose appartenir à celui qui l'avait vendiquée : telle était la *cessio in jure*. Bien qu'on ne trouve aucune mention de ce mode de constitution dans la loi des Douze Tables, il est certain qu'il existait dès les premiers temps de Rome ; c'était ainsi, d'ailleurs, que se faisait l'affranchissement, qui s'appelait *manumissio*

vindicta. D'ailleurs, un passage des *Fragments du Vatican*, § 50, *in fine*, prouve surabondamment ce que
nous avançons : « *Et mancipationem et jure cessionem lex Duodecim Tabularum confirmat.* »

De même que la mancipation, cet acte juridique et
solennel de l'ancien droit romain, qui ne s'appliquait
qu'au sol de l'Italie ou aux fonds jouissant du *jus italicum*, n'existe plus sous Justinien.

Entre ces deux modes de constitution, la mancipation et la cession juridique, il existait une différence profonde : la *cessio in jure* s'appliquait à toute
espèce de choses, *res mancipi* ou *res nec mancipi;* elle
comprenait donc les servitudes urbaines et rurales,
tandis que nous avons vu que la mancipation ne pouvait s'appliquer qu'aux *res mancipi*, et, par conséquent, aux servitudes rurales seules.

Nous renouvellerons ici l'observation que nous
avons faite à propos de la mancipation : l'*in jure
cessio* exigeait en effet l'apport, devant le magistrat,
de l'objet aliéné, ou tout au moins d'une de ses par-
celles : « *Is cui res in jure ceditur, rem tenens ita
dicit: Hunc ego hominem ex jure quiritium meum esse
aio* » (Gaïus, Com. II, § 24). Or il était impossible
d'apporter devant le magistrat une servitude, chose
incorporelle et qu'on ne peut saisir. On avait alors
recours à quelque symbole.

La cession juridique devait être employée moins
fréquemment que la mancipation (lorsqu'il s'agissait,
bien entendu, de choses se prêtant également à ces
deux modes d'acquisition); car, alors que, pour la
mancipation, la présence de cinq citoyens romains

était suffisante, la cession juridique exigeait nécessairement la présence du magistrat, qui pouvait très-souvent se trouver absent. Aussi Gaïus, au paragraphe 25 de son Commentaire II, nous dit-il : *Fere semper mancipationibus utimur : quod enim ipsi per nos præsentibus amicis agere possumus, hoc non est necesse cum majore difficultate aput prætorem aut aput præsidem provinciæ quærere.* »

La femme, avons-nous dit, ne pouvait *sine auctoritate tutoris* constituer sur son fonds une servitude par la mancipation ; il en était de même pour la cession juridique : c'était, en effet, une fiction d'une action de la loi, et « *tutoris auctoritas necessaria est mulieribus... si lege aut legitimo judicio agant* » (Ulpien, *Reg. jur.*, tit. XI, § 27).

Ainsi que la mancipation, l'*in jure cessio* peut servir à établir une servitude indirectement, lorsque le propriétaire d'un fonds, en le cédant, déduit une servitude au profit d'un autre fonds qu'il garde ; mais il faut que la réserve que fait le propriétaire soit contenue, non dans la convention qui peut précéder l'*in jure cessio*, mais bien dans l'*in jure cessio* elle-même, sans quoi il n'y aurait de créé qu'un droit personnel pour faire établir la servitude.

DE L'ADJUDICATION.

L'adjudication est l'attribution de propriété faite non plus par le magistrat, mais par le juge, c'est-à-dire par le simple citoyen préposé au jugement du procès. Tandis que l'*in jure cessio* avait lieu devant le

magistrat (*in jure*), et que celui-ci attribuait la propriété en déclarant le droit de la partie gagnante (*ad-
dicebat*), l'adjudication se passait devant le juge (*in
judicio*), lequel attribuait la propriété ou un de ses
démembrements en adjugeant (*adjudicabat*).

Des fragments du Digeste et plusieurs passages
d'anciens auteurs prouvent l'existence dans la loi des
Douze Tables de ce mode d'acquisition (Dig., L. 1,
Familiæ erciso., *Festus verb.*, *Erctum*, pour les cohéritiers ; — Cicéron, *De Leg.* 1, 21, etc.). Justinien le
conserva.

L'adjudication, de même que la cession juridique,
s'applique sans distinction aux *res mancipi* et aux *res
nec mancipi :* elle comprend donc les servitudes urbaines aussi bien que les servitudes rurales.

L'adjudication ne pouvait servir à établir des servitudes, en droit romain, que dans trois cas particuliers : c'était dans les trois actions *familiæ erciscundæ*,
communi dividundo, *finium regundorum*. « Trois
» formules d'actions seulement investissent le juge
» de ce pouvoir : l'action *familiæ erciscundæ*, en
» partage d'une succession entre cohéritiers ; l'action
» *communi dividundo*, en partage d'une chose com-
» mune entre propriétaires ; l'action *finium regundo-
» rum*, en règlement de bornes entre voisins » (Pellat,
Propriété et Usufruit, n° 19).

Le juge ne doit, en tout cas, constituer la servitude
qu'avec beaucoup de circonspection, et seulement
pour la commodité du partage. Il ne doit le faire que
lorsqu'il adjuge en même temps, et à différentes
personnes, les fonds dominant et servant. Ainsi il

ne pourrait pas, en adjugeant un fonds, le grever de servitudes au profit d'un autre fonds sur lequel il n'aurait pas été appelé à statuer. De même, s'il n'adjugeait qu'un fonds, il ne pourrait pas le grever de servitude au profit d'un autre fonds qu'il adjugerait plus tard.

Cette règle, donnée par Nératius, est également vraie : « *Arbitrum, si regionibus fundum non vectigalem divisum duobus adjudicaverit, posse, quasi in duobus fundis, servitutem imponere* » (Dig., L. 7, § 1, Com. divid.).

DES PACTES ET DES STIPULATIONS.

Théophile, dans sa paraphrase des *Institutes* de Justinien (liv. II, tit. I, § 40), donne l'exemple suivant d'une constitution de servitude par pacte et stipulation. Supposant que deux propriétaires de fonds voisins conviennent d'établir une servitude sur l'un des fonds au profit de l'autre, il les fait recourir, pour sanctionner ce *pacte*, cette convention, à une stipulation : *Promettez-vous de souffrir telle servitude ? — Je le promets.* Pour plus de sécurité, Théophile ajoute dans son exemple une clause pénale : — *Et si vous y mettez obstacle, promettez-vous de me payer cent sous d'or à titre de peine ?*

Nous n'avons pas l'intention de nous étendre bien longuement sur ce qu'en droit romain on entendait par les mots *pacte* et *stipulation* : « *Et est pactio duorum pluriumve in idem placitum consensus,* » nous dit, à propos du pacte, la loi 1, § 2 (*De Pactis,* Dig.).

Quant à la stipulation, nous en avons donné un exemple dans le paragraphe précédent.

Cet établissement des servitudes par pactes et stipulations ne peut s'appliquer qu'au sol provincial. Les fonds provinciaux, n'étant pas admis à participer aux mêmes faveurs que les fonds italiques, et ne jouissant pas du droit civil, ne pouvaient être l'objet d'une propriété véritable, ainsi que des démembrements de cette propriété : « *In (eo solo) dominium populi romani est, vel Cæsaris ; nos autem possessionem tantum et usumfructum habere videmus* (Gaïus, Com. II, § 7). Les jurisconsultes cherchèrent à faire disparaître cet état de choses, et les préteurs protégeant, à titre de possession, les droits des détenteurs de ce sol provincial, leur assurèrent presque tous les avantages du droit de propriété. Cependant, lorsqu'il s'agissait de la transmission de leurs droits, une importante difficulté se présentait : ils ne pouvaient, en effet, ni songer à la mancipation ni à la cession juridique, qui ne s'appliquaient qu'aux fonds de l'Italie ou jouissant du *jus italicum*. Il leur restait, il est vrai, le testament et l'adjudication ; mais le premier de ces deux modes ne pouvait être employé entre-vifs, et le second suppose un procès qui peut très-bien ne pas toujours se présenter. On eut alors recours aux pactes et aux stipulations : aux pactes, pour indiquer ce sur quoi les parties étaient tombées d'accord ; aux stipulations, pour rendre la convention obligatoire.

Mais les servitudes ainsi constituées, *pactis et stipulationibus*, existaient-elles comme droits réels, ou n'étaient-elles que promises et dues par suite d'une

3

obligation personnelle ? Cette importante question a
donné lieu à une grande controverse. Nous allons
l'étudier en nous plaçant à deux périodes différentes.
Nous examinerons d'abord la période qui précède
Justinien ; nous étudierons, après, l'époque où vivait
cet empereur.

DROIT ANTÉRIEUR A JUSTINIEN.

« *Sed hæc scilicet in italicis prædiis ita sunt, quia
et ipsa prædia mancipationem et in jure cessionem
recipiunt ; alioquin in provincialibus prædiis, sive
quis usumfructum, sive jus eundi, agendi, aquamve
ducendi, vel altius tollendi ædes, aut non tollendi
ne luminibus vicini officiatur, ceteraque similia jura
constituere velit, pactionibus et stipulationibus id efficere potest ; quia ne ipsa quidem prædia mancipationem, aut in jure cessionem recipiunt* » (Gaïus,
Comment. II, § 31). De quelle façon devons-nous
entendre ce texte ? Gaïus nous dit bien que, pour
constituer une servitude sur un immeuble situé hors
d'Italie, il fallait recourir aux pactes et aux stipulations. Mais, dans ce cas, la servitude était-elle seulement promise et due par suite d'une obligation personnelle, ou bien était-elle ainsi constituée comme
droit réel, et avons-nous là un mode de constituer les
servitudes spécial aux provinces et en dehors du droit
civil? A la première lecture, il semble bien certain que
la servitude doit exister comme droit réel. Sans parler, en effet, du mot *constituere*, qui n'a jamais eu le
sens de *promettre*, les mots *id efficere potest* semblent

bien montrer que ce mode de constitution produisait
le même effet que la *cessio in jure* ou la *mancipatio*
pour les fonds italiques, et donnait aussi le droit réel.
Mais cette conclusion doit être rejetée, et les arguments appuyés sur les textes les plus formels établissent, selon nous, l'opinion contraire.

D'abord, on ne peut guère argumenter du texte de
Gaïus que nous venons de citer précédemment ; car
si, en effet, il paraît bien, au premier abord, consacrer
l'opinion que nous réfutons, il est loin d'être bien formel, et, de plus, nous trouvons dans le même auteur
(Dig., L. 3, *De Usu. et quem quis ut. frua.*) la phrase
suivante, qui gêne considérablement les adversaires
du système que nous adoptons : « *Omnium prædiorum jure legati potest constitui ususfructus, ut hæres
jubeatur dare alicui usumfructum.* » Il s'agit d'un
legs *per damnationem*, et Gaïus se sert des mêmes
expressions *constitui* qu'on pouvait invoquer tout à
l'heure contre nous, dans un cas où, certainement,
il n'entendait pas que l'usufruit fût constitué comme
droit réel.

Nous pensons donc que la servitude constituée
par pacte et stipulation n'est due que par suite d'une
obligation personnelle, et nous ne ferons pas exception au principe général qui veut que les conventions n'aient pas la vertu de transférer la propriété.

Il existe cependant certains cas où, par exception,
le simple pacte peut créer un droit réel. C'est ainsi
que le droit réel d'hypothèque peut résulter *nudis
pactis ;* mais ce cas est tout à fait exceptionnel, et, du
reste, il est signalé comme tel.

Voici d'ailleurs un texte duquel il résulte formellement que ce n'est pas un droit réel d'usufruit ou de
servitude que produisent les pactes et les stipulations. Il s'agit d'un propriétaire ayant une servitude
d'aqueduc et voulant céder le droit de puiser à cet
aqueduc soit aux personnes mêmes sur le fonds desquelles l'aqueduc existe, soit à quelque voisin.
Le jurisconsulte Africain dit que cela pourra se faire
par les pactes et les stipulations : « *Per plurium
prædia aquam ducis, quoquo modo imposita servitute, nisi pactum vel stipulatio etiam de hoc sub-
secuta est, neque eorum cuivis, neque alii vicino
poteris haustum ex rivo cedere : pacto enim vel sti-
pulatione intervenientibus, et hoc concedi solet,
quamvis nullum prædium ipsum sibi servire, neque
servitutis fructus constitui potest.* » Africain n'admet certainement pas qu'il y aura un droit réel d'é-
tabli, et il en donne la raison : c'est que les premiers
auraient une servitude sur leur propre fonds, et
que les seconds auraient l'usufruit d'une servitude
ou une servitude sur une servitude, ce qui n'est pas
possible.

Le préteur protégeait la servitude ainsi constituée, en accordant des interdits utiles possessoires ;
il accordait également l'action publicienne, c'est-
à-dire des moyens qui supposaient une possession
ou une quasi-possession, mais non un droit de propriété : « *Ego puto, usum juris ejus pro traditione
possessionis accipiendum esse. Ideoque et interdicta
veluti possessoria constituta sunt* (Dig., 20, *De Serv.*;
Javolénus).

La législation a-t-elle changé sous Justinien ? la question doit-elle au contraire être résolue de la même façon ? Nous avouons que, sur ce point encore, les auteurs sont loin de s'entendre. La controverse est grande et d'autant plus difficile à trancher que les textes que l'on peut invoquer de part et d'autre sont loin d'être exempts de suspicion. La plupart paraissent tronqués ou avoir reçu des modifications émanant des compilateurs.

Nous pensons toutefois que la solution que nous avons donnée pour le droit antérieur à Justinien doit encore être suivie à l'époque de cet empereur. Les principes généraux, croyons-nous, ont subsisté dans leur intégralité. La stipulation ne peut engendrer qu'une obligation ; or « *Obligatio est juris vinculum quo necessitate adstringimur alicujus solvendæ rei secundum nostræ civilitatis jura* » (*Inst. Just.*, liv. III, tit. XIII).

A l'époque de Justinien, la mancipation et la cession juridique ont complétement disparu ; on ne connaît plus la différence qui existait entre le domaine boni-taire et le domaine quiritaire ; les choses ne sont plus *mancipi* ou *nec mancipi*. Ce qui était jadis le droit des provinces est en quelque sorte devenu, sous plusieurs rapports, le droit général. Les pactes et les stipulations sont à peu près les seuls moyens d'établir les servi-tudes volontairement entre-vifs. Cet empereur a-t-il établi un changement à la législation sous ce rapport ?

nous avons déjà dit que nous ne le pensions pas ; d'ailleurs on n'en trouve aucune mention aux *Institutes*, et il n'est pas étonnant que, dans un recueil fait hors de l'Italie et pour les provinces auxquelles l'Italie avait été assimilée, Justinien ait cru devoir conserver l'ancienne législation. Il n'a pas eu à abolir la constitution des servitudes par mancipation et par cession *in jure;* ces modes n'existant plus, il n'a eu qu'à effacer les mots *provinciale* ou *provincialium* dans les divers textes du Digeste et du Code pour étendre à tout l'empire le mode de constitution des servitudes *pactis et stipulationibus.*

La solution que nous donnons est vivement attaquée, et bien des auteurs enseignent que les servitudes ainsi constituées doivent exister comme droits réels. Nous n'avons pas l'intention d'examiner les différents textes qu'ils citent à l'appui de leur opinion ; nous nous bornerons à en passer quelques-uns en revue, en nous efforçant de démontrer qu'ils sont loin d'avoir la force qu'on veut leur donner. Un des principaux textes invoqués est le suivant, d'Ulpien : « *Quod autem diximus ex re fructuarii, vel ex operis posse adquirere, utrum tunc locum habeat, quotiens jure legati ususfructus sit constitutus, an et si per traditionem vel stipulationem..., videndum* » (Dig., L. 25, § 7, *De Usuf.*). Nous répéterons ce que nous avons déjà dit à propos d'un texte de Gaïus que nous avons cité lorsque nous nous occupions de l'époque antérieure à Justinien, et qui se servait à peu près des mêmes expressions. *Constituere usumfructum* ne signifie pas nécessairement constituer un usufruit comme droit réel. Par le même motif, nous déclarerons que nous ne trouvons pas plus concluante la loi 4, titre XXXIII, livre III, au Code, loi qui s'exprime ainsi : « *Usufructu constituto, consequens est ut satisdatio boni viri arbitratu præbeatur ab eo ad quem id commodum pervenit.* » Enfin nous n'attachons pas une importance beaucoup plus grande à la loi suivante : « *Quidam enim pactus erat cum vicino suo, ut liceret ei vel per se vel per suos transitum facere* » (Code, liv. III, tit. XXXIV, L. 14). Cette loi suppose une servitude de passage établie par un pacte, mais elle peut très-bien s'entendre d'un pacte inséré dans la tradition d'un fonds (la tradition ayant partout remplacé la mancipation) et ayant pour but de retenir un droit de servitude au profit du vendeur.

L'opinion que nous soutenons s'appuie au contraire sur des textes qui, selon nous, ont une grande force probante : « *Obligationum substantia non in eo consistit, ut aliquod corpus nostrum, aut servitutem nostram faciat; sed ut alium nobis obstringat ad dandum aliquid vel faciendum, vel præstandum* » (Dig., *De Obl. et Act.*, L. 3). Ainsi Paul fait spécialement application, à la constitution d'une servitude, du principe général en matière d'obligation. Le même jurisconsulte, dans un autre passage, dit encore formellement qu'une servitude stipulée n'existe pas encore comme droit réel : « *Si qui viam ad fundum suum dari stipulatus fuerit, postea fundum partemve ejus ante constitutam servitutem alienaverit, evanescit stipulatio* » (Dig., *De verb. oblig.*, L. 136, § 1). — (Voir encore Dig.,

liv. VIII, tit. i, L. 11 ; liv. VII, tit. i, L. 27 , § 4.)

Ainsi donc, et pour résumer cette longue disserta-
tion, nous disons qu'avant Justinien les servitudes
constituées par pactes et stipulations n'existaient
point comme droit réel ; que, bien au contraire, elles
n'étaient que promises et dues par suite d'une obligation personnelle ; que cet empereur, s'il consacra les
changements survenus en ce qui concerne les *res mancipi* et les *res nec mancipi*, les fonds italiques et les
fonds provinciaux, laissa toujours subsister le principe que les stipulations ne peuvent engendrer qu'une
obligation, et que, même à son époque, les servitudes
ainsi constituées n'existaient point comme droits réels.

DE LA QUASI-TRADITION.

« *Singularum rerum dominia nobis adquirun-
tur..... traditione,* » nous dit Ulpien (*Reg. jur.*,
tit. xix, § 2). La tradition consiste dans le fait, par
une personne, de remettre volontairement une chose
à une autre personne ; elle n'exige aucune solennité
et peut avoir lieu même avec les étrangers. Dans
certains cas, elle est un moyen de transférer la propriété d'une chose, en même temps qu'elle en trans-
porte la possession.

Ce mode d'acquisition est du droit des gens (nous
l'avons fait pressentir lorsque nous avons dit qu'elle
pouvait avoir lieu même avec les étrangers). Nous
trouvons dans un des *Fragments du Vatican* relatif à
l'usufruit une règle importante : c'est que l'usufruit,

et par suite les servitudes en général, ne peuvent être établis, même à l'égard des choses qui ne sont pas *mancipi*, autrement que par un moyen du droit civil : « *In re nec mancipi per traditionem deduci ususfructus non potest, nec in homine si peregrino tradatur; civili enim actione constitui potest, non traditione quæ juris gentium est* » (Vatic. jur. rom. Fragm., § 47). Ainsi, à l'égard des choses *nec mancipi*, le domaine romain peut être transféré par un moyen du droit des gens, la tradition ; mais, à l'égard des fractionnements de ce domaine, des servitudes tant prédiales que personnelles, la législation reste plus rigoureuse : il faudra un mode civil d'acquisition.

Le texte des *Fragments du Vatican* est confirmé par d'autres plus spéciaux encore à la matière qui nous occupe en ce moment : « *Possedi autem possunt quæ sunt corporalia* » (L. 3, pr. Dig , *De acq. vel. am. poss.*). — « *Incorporales res traditionem non recipere manifestum est* » (Gaïus, Comment. II , §28). Les choses incorporelles ne sont donc susceptibles ni de possession ni de tradition : « *Res nec mancipi nuda traditione abalienari possunt, si modo corporales sunt, et ob id recipiunt traditionem* » (Gaïus, Comment. II , § 10). Et non-seulement la tradition ne peut pas servir à établir directement les choses incorporelles (les servitudes, puisque c'est ce sujet que nous traitons), mais même indirectement en faisant tradition d'une chose *nec mancipi* : par exemple un fonds provincial : le propriétaire n'aurait pu retenir une servitude au profit du fonds qu'il conservait : « *In re nec mancipi per traditionem deduci ususfructus non potest* » (*Frag. Vat.*, § 49). Ce texte doit évidemment être généralisé, et appliqué indistinctement à toutes les servitudes.

Nous n'aurons pas besoin de faire de grands commentaires à propos de ces derniers textes, si l'on conçoit en effet très-bien la possession pour les choses corporelles, possession qui résulte tout à la fois et du fait de détenir la chose et de l'intention d'en être propriétaire, si l'on comprend aussi parfaitement la tradition. Il n'en est plus ainsi lorsqu'il s'agit des choses incorporelles, pour lesquelles les mêmes raisonnements ne sont plus possibles. De plus, en ce qui concerne les servitudes établies sur le sol italique ou sur le sol jouissant du *jus italicum*, ces raisonnements ne sont même pas nécessaires, et il est bien clair que la tradition ne pouvait être admise, puisqu'elles n'étaient susceptibles d'être acquises que par un mode du droit civil. Cette distinction entre les servitudes positives, qui sont susceptibles de quasi-tradition, et les servitudes négatives, qui ne la comportent pas, distinction qui a si fort embarrassé certains auteurs, ne saurait donc nous arrêter.

Résumant ce que nous avons déjà dit, nous donnons donc comme règle générale que les servitudes, choses incorporelles, n'ont jamais pu être acquises par la tradition proprement dite, et que, même dans le principe, la quasi-tradition ne les établissait pas davantage. Aussi Javolénus, rapportant l'avis de Labéon, nous dit-il que, lorsqu'on achetait un semblable droit, comme la tradition n'en était pas possible, on avait recours à la stipulation, par laquelle le vendeur s'obligeait à ne rien faire pour empêcher l'usage de la servitude. (Voir Dig., L. 20, *De Serv.*).

Ces principes étaient bien sévères, surtout en ce qui concernait les fonds provinciaux, pour lesquels on ne pouvait avoir recours ni à la mancipation ni à la cession juridique. Les jurisconsultes essayèrent donc d'adoucir la règle, et les préteurs finirent par admettre que la *quasi possessio* pourrait établir les droits incorporels sur les fonds provinciaux. Cette notion de la *quasi possessio*, qui entraîne nécessairement celle de la *quasi traditio*, a dû s'établir dans la période de temps qui s'est écoulée entre les deux jurisconsultes Labéon, qui vivait sous Auguste, et Javolénus, qui enseignait à l'époque de Trajan. Ce qui le prouve, c'est que Javolénus, après avoir cité le texte que nous avons rapporté, en le traduisant, au paragraphe précédent, ajoute : « *Ego puto usum ejus juris pro traditione possessionis accipiendum esse :* Je pense que l'usage de la servitude consenti par le propriétaire équivaudra à une tradition. » Cette quasi-possession des servitudes fut protégée par des institutions prétoriennes, telles que les interdits utiles quasi-possessoires ; Javolénus, en effet, fait suivre la phrase que nous venons de citer, des expressions suivantes : « *Idcoque et interdicta veluti possessoria constituta sunt.* » Ce texte, que nous avons rapporté en plusieurs parties, est confirmé par une constitution d'Alexandre, ainsi conçue : « *Et in provinciali prædio constitui servitus aquæductus vel aliæ servitutes possunt ; si ea præcesserint, quæ*

servitutes constituunt : tueri enim placita inter con-
trahentes debent » (Code, L. 3, *De Serv. et aqua*).

En outre, le préteur donnait à tout quasi-possesseur de la servitude l'action publicienne, sans distinguer si ce possesseur avait reçu la servitude du véritable propriétaire, ou non : « *Si de usufructu agatur*
tradito, publiciana datur. Itemque servitutibus ur-
banorum prædiorum per traditionem constitutis,
vel per patientiam, forte si per domum quis suam
passus est aquæductum transduci. Item rusticorum :
nam et hic traditionem, et patientiam tuendam con-
stat » (Dig., L. 11, § 1er, *De pub. in rem act.*).

Nous avons rapporté un texte du jurisconsulte
Javolénus, nous apprenant qu'il y a quasi-tradition
d'une servitude lorsque nous exerçons le droit du
consentement du propriétaire du fonds servant. Bien
que ce texte ne paraisse devoir soulever aucune difficulté, on peut se demander cependant s'il peut s'appliquer à toute espèce de servitude. Il existe, en
effet, certaines servitudes qui, par leur nature, sont
peu compatibles avec l'idée de possession, certaines
servitudes qui ne nous offrent pas le caractère de continuité et de certitude, l'état permanent manifeste,
que semble exiger la possession.

En principe, on doit répondre affirmativement à la
question que nous posons. A Rome, toute servitude est, en général, susceptible de s'acquérir par
quasi-possession, et l'on ne remarque pas la distinction qui existe dans notre droit français entre celles
qui sont continues et apparentes, et celles qui sont
non continues et non apparentes. C'est ainsi que

nous voyons le passage, qui appartient à la dernière de ces deux classes, « *Nemo enim tam perpetuo tam continenter ire potest ut nullo momento possessio ejus interpellari videatur*, » être susceptible de quasi-possession et être protégé par des interdits quasi-possessoires, ainsi que par l'action publicienne.

Cependant il est une classe de servitudes qu'il nous semble bien difficile, à part une exception que nous examinerons postérieurement, de classer parmi celles qui s'acquièrent par quasi-possession : nous voulons parler de ces servitudes que certains jurisconsultes appellent négatives. Nous avons vu, en effet, dans un des chapitres précédents, que certains auteurs ont imaginé de diviser les servitudes en trois classes. Cette division comprend : les servitudes qui consistent à faire, *in faciendo;* celles qui consistent *in habendo* (les deux classes réunies forment la classe des servitudes positives, et, par rapport au fonds servant, on dit qu'elles consistent *in patiendo*); enfin celles qui consistent *in prohibendo*, par rapport au fonds servant, et qui, par opposition aux servitudes positives, reçoivent le nom de négatives.

Cette dernière classe est-elle susceptible de possession ? Quelques commentateurs ont essayé de soutenir que la simple inaction du propriétaire d'un fonds procurait au voisin la quasi-possession de la servitude négative. Ils ont donné, à l'appui de leur assertion, l'exemple suivant : tout propriétaire d'un fonds aurait contre tous ses voisins la quasi-possession de la servitude *non altius tollendi* pour la hauteur actuelle des maisons, et ils invoquent la loi 6, § 1er (Dig., *Si serv. vind.*). « *Sciendum tamen in his servitutibus possessorem esse eum juris, et petitorem, et, si forte non habeam ædificatum altius in meò, adversarius meus possessor est : nam, cum nihil sit innovatum, ille possidet, et ædificantem me prohibere potest, et civili actione, et interdicto* quod vi, aut clam. *Idem et si lapilli jactu impedierit.* » Nous ferons observer que cette loi est loin d'avoir la signification qu'on veut lui donner, car elle ne doit pas être citée seule ; elle se rapporte en effet au texte qui la précède, texte qui suppose une servitude déjà constituée, et le jurisconsulte Ulpien fait remarquer que, dans l'action confessoire, le demandeur peut être en même temps possesseur, tandis qu'on aurait pu croire que cette qualité doit toujours appartenir au défendeur. Faisons encore remarquer que s'il se fût agi de possession dans ce texte, au lieu de n'accorder à l'adversaire que l'interdit *quod vi aut clam*, lequel ne suppose pas la possession, on eût accordé les interdits possessoires. Enfin, dans ce système, on donne une action civile pour protéger une servitude établie par un mode du droit prétorien.

Une autre opinion consiste à prétendre que les servitudes négatives pouvaient être l'objet d'une quasi-tradition au moyen d'une tentative feinte, par le propriétaire du fonds servant, de faire un acte contraire à la servitude, suivie d'une défense également faite par le propriétaire de l'autre fonds. Nous nous bornerons à demander qu'on nous montre un seul

texte où il soit question de cette contestation symbo-
lique.

Les auteurs qui soutiennent ces divers systèmes
nous paraissent oublier qu'il faut, pour qu'il y ait possession, la réunion des deux choses suivantes : 1º le
corpus, c'est-à-dire l'exercice des pouvoirs que ren-
ferme la servitude, et 2º l'*animus*, c'est-à-dire l'intention d'en user comme un droit nous appartenant. Et
c'est au moins ce qu'on ne rencontre pas dans le premier des deux systèmes que nous venons d'examiner ;
car si un voisin, usant de son droit, n'a pas élevé sa
maison plus haut qu'une certaine hauteur, l'avantage
qu'il procure ainsi aux propriétaires qui l'entourent
résulte de son bon vouloir, de sa tolérance, choses
qu'il est libre de faire cesser comme il l'entendra.

Cependant deux cas peuvent se présenter où , avec
M. de Savigny , nous pensons que la quasi-possession
des servitudes négatives en général peut avoir lieu :
1º lorsque le propriétaire du fonds dominant s'est
opposé à un acte contraire à la servitude que voulait
faire le propriétaire du fonds servant ; 2º lorsqu'il est
intervenu un acte juridique de nature à transmettre
le droit de servitude , qu'elle soit ou non transmise
réellement.

L'action publicienne était employée non-seulement
quand la quasi-tradition de la servitude avait été faite
par un simple possesseur, mais aussi quand on ne
pouvait pas (ajoutons : ou on ne voulait pas) prouver
le droit de son auteur. Elle ne servait pas à réclamer
la servitude comme un droit ; on se bornait à rede-
mander la quasi-possession, quasi-possession qui, du

reste, devait être de bonne foi , c'est-à-dire provenir d'une quasi-tradition faite par une personne qu'on croyait propriétaire.

Ce mode de constitution *jure prætorio*, que la nécessité avait fait admettre pour les servitudes établies sur les fonds provinciaux, se généralisa rapidement, et fut bientôt étendu aux fonds italiques eux-mêmes, et l'on trouva commode d'établir dans certains cas, en Italie, des servitudes au moyen simplement de la quasi-tradition, ou de pactes la déduisant dans une tradition (nous avons vu que cela ne pouvait avoir lieu *jure civili*). Les servitudes ainsi établies n'étaient, bien entendu , protégées que par les actions prétoriennes, ou les interdits utiles. Le paragraphe 61 des *Fragm. du Vatican*, dont nous extrayons le passage suivant relatif à l'usufruit, semble confirmer ce que nous avançons : « *Amitti autem usumfructum (capitis minutione constat)... Et parvi refert utrum jure sit constitutus an vero tuitione prætoris.* » (Voir encore Dig., L. 1, pr. *Quibus modis ususf. vel us. am.;* Dig., L. 1, § 2, *De Serv. præd. rust.*)

Quant aux pactes faisant réserve de la servitude dans la tradition d'un fonds, il existe plusieurs textes qui nous montrent qu'on pouvait en faire usage : « *Si quis duas ædes habeat, et alteras tradat, potest legem traditioni dicere : ut vel istæ quæ non traduntur, servæ sint his quæ traduntur, vel contra : ut traditæ retentis ædibus serviant ; parvique referet vicinæ sint ambæ ædes, an non. Idem erit et in prædiis rusticis : nam et si quis duos fundos habeat, alium alii potest servum facere , tradendo. Duas autem ædes simul*

*tradendo non potest efficere alteras alteris servas :
quia neque adquirere alienis œdibus servitutem, neque
imponere potest* » (Dig., L. 0, pr. *Comm. præd.*). —
(Voir encore Dig., L. 3, *Comm. præd.*; L. 34, *De
Serv. præd. urb.*)

Sous Justinien, la propriété peut se transférer par
la tradition , et les servitudes (lorsqu'elles en sont
susceptibles) par la quasi-tradition. Et lorsque, dans
la tradition d'un fonds, il intervient un pacte par
lequel l'aliénateur se réserve une servitude au profit
d'un autre fonds, ou au contraire constitue au profit
du sol qu'il aliène une servitude sur l'héritage qu'il
retient, cette charge est, dès ce moment, établie
comme droit réel, car la propriété, par la tradition,
a été transférée ainsi diminuée ou augmentée, la tradition opérant toujours selon l'intention des parties.

DE LA PRESCRIPTION DE LONG TEMPS.

L'usucapion était un moyen civil d'acquérir qui,
dans la loi des Douze Tables, portait le nom d'*usus
auctoritas*. L'usucapion, nous dit Ulpien, est l'acquisition de la propriété par une possession continue
d'un an pour les choses mobilières, et de deux ans
pour les immeubles. Elle avait lieu dans deux cas :
1º elle faisait acquérir la propriété des choses *mancipi*, pour lesquelles les formes de la mancipation
n'avaient pas été suivies; 2º elle faisait acquérir le
domaine d'une chose *mancipi* ou *nec mancipi*, lorsqu'on l'avait reçu de bonne foi de quelqu'un qui
n'était pas propriétaire.

L'usucapion ne s'appliquait pas aux immeubles des provinces ; ces immeubles, qui ne jouissaient pas du droit civil, ne pouvaient être usucapés ; par conséquent, une personne qui se serait trouvée dépossédée, même pendant très-longtemps, d'un fonds provincial, pouvait très-bien et toujours le reprendre entre les mains du tiers détenteur.

Cette règle était bien dure, et cependant le préteur ne pouvait pas refuser de donner l'action en revendication à celui qui venait la lui demander dans ces conditions. On essaya de parer à cette éventualité, et on trouva le moyen suivant : le préteur accordait toujours l'action en revendication ; mais si le défendeur avait possédé le fonds pendant vingt ans entre absents ou dix ans entre présents, on lui donnait, pour repousser cette action en revendication, une exception dite *longi temporis*. (Cette exception s'appelait aussi *præscriptio*, parce qu'elle était inscrite en tête de la formule.)

Sous Justinien, l'usucapion n'existe plus pour l'Italie, la prescription de long temps a disparu pour les provinces. Ces deux modes d'acquisition ont été réunis par cet empereur, qui, supprimant la différence entre les fonds italiques et les fonds provinciaux, décida que les uns et les autres s'acquerraient par la prescription de dix à vingt ans. Quant aux meubles, il fixa le délai de l'usucapion à trois ans.

Nous avons tracé rapidement les principales règles de l'usucapion et de la prescription de long temps. Demandons-nous maintenant si ces deux modes d'acquisition sont applicables aux servitudes prédiales.

Ces servitudes, étant choses incorporelles, ne pouvaient être possédées, et par conséquent n'étaient
point susceptibles d'usucapion. Il n'en fut pas cependant toujours ainsi, et nous trouvons dans le Digeste
un texte de Paul qui nous apprend qu'une loi Scribonia
abolit l'usucapion des servitudes : « *Eam usucapionem
sustulit lex Scribonia quæ servitutem constituebat* »
(Dig., L. 4, § 29, *De Usurp. et Usuc.*). Pour que cette
loi puisse abolir ce mode de constitution, il fallait
bien qu'il existât à cette époque. On ne possède que
fort peu de renseignements en ce qui concerne cette
loi Scribonia, qui d'ailleurs ne se trouve mentionnée
que dans le texte que nous venons de citer. Quels
en étaient les termes ? la date ? l'auteur ? Sur toutes
ces questions, nous sommes réduits à faire des con-
jectures; car, nous le répétons, on ne trouve nulle
part aucun indice qui puisse éclairer et faciliter les
recherches auxquelles on se livre. On suppose cependant qu'elle est due à un préteur du nom de
Scribonius, et qu'elle date de l'an 720.

Certains auteurs, malgré les difficultés que nous
venons de signaler, ont recherché quelle en a pu être
la portée, et ont voulu établir qu'elle ne pouvait
s'appliquer aux servitudes rustiques, lesquelles,
quia non habent certam continuamque possessionem,
n'ont jamais pu être usucapées, et que son seul but
fut d'abolir l'usucapion comme mode d'acquérir
les servitudes urbaines. Ces dernières servitudes,
celles du moins, et c'est la majorité, qui, s'exer-
çant d'une façon continue et apparente sans le fait de
l'homme, semblent susceptibles de possession, puis-

qu'elles ne sont que des qualités, des manières d'être d'un édifice, lequel est lui-même susceptible de possession, étaient, d'après ces auteurs, les seules qui fussent susceptibles d'usucapion.

Nous ne saurions adopter cette opinion, et nous pensons qu'en l'absence de toute espèce de documents, à propos de cette loi Scribonia, il est inutile de rechercher si elle avait été admise d'une façon générale ou seulement à l'occasion des servitudes urbaines. Tout système à cet égard est purement conjectural, et se borne à des affirmations qui n'ont aucune espèce de base sérieuse. Nous nous contenterons donc d'affirmer qu'après la loi Scribonia, les servitudes en général ne purent plus être usucapées.

Du reste, comme le remarque très-justement Ulpien, la loi Scribonia ne s'oppose pas à ce que celui qui acquiert par usucapion la propriété d'un immeuble acquière en même temps les servitudes qui pouvaient appartenir à cet immeuble : « *Hoc jure utimur, ut servitutes per se nusquam longo tempore capi possint, cum ædificiis possint* » (L. 10, § 1, Dig., *De Usurp.*).

Telle était la règle : les servitudes prédiales ne pouvaient être usucapées ; mais ce principe ne resta pas bien longtemps en vigueur ; et de nombreuses exceptions, introduites par le droit prétorien et ratifiées par les constitutions des empereurs, vinrent successivement en modifier la rigueur. Les préteurs, prenant en considération la longue jouissance d'une servitude, donnèrent des actions utiles et des interdits pour protéger les droits de ceux qui les exerçaient depuis si longtemps. Cette *prescription* a dû prendre naissance pour protéger les servitudes constituées sur le sol provincial ; plus tard, elle se sera étendue aux servitudes établies sur le sol d'Italie, ce qui a eu lieu, du reste, pour toutes les institutions prétoriennes.

La *præscriptio longi temporis* ne faisait aucune différence entre les servitudes urbaines et les servitudes rurales ; elle s'appliquait aux unes comme aux autres. Cette proposition est cependant contestée, et on a prétendu que, s'il était parfaitement vrai que les servitudes urbaines, qui offrent un caractère de continuité et d'apparence certain, pouvaient être acquises par la prescription de long temps, il n'en était pas de même des servitudes rurales, qui toutes, sauf deux d'entre elles (servitudes d'aqueduc et servitudes de passage), devaient être regardées comme non susceptibles de prescription. Nous ne pensons pas que ce système puisse être adopté ; deux textes le combattent formellement ; ces deux textes, il est vrai, font l'application de la *longa possessio* au *jus aquæ ducendæ*, mais la règle qu'ils portent est générale et doit s'appliquer à toutes les servitudes rurales. Rien, en effet, n'indique qu'ils sont exclusifs ; ce qui est invoqué pour fonder l'existence du droit, c'est la durée de la possession, la *longa consuetudo ;* et l'influence de la possession était admise sans difficulté quant aux servitudes rurales, à l'occasion desquelles existaient des interdits possessoires (Dig., L. 10, *Si serv. vind.* ; Code, L. 2, *De Serv.*).

Nous avons vu que celui qui avait la quasi-possession d'une servitude réelle, avec les caractères qui auraient conduit à l'usucapion si elle eût été admise en cette matière, c'est-à-dire de bonne foi et *nec vi*, *nec clam, nec precario ab adversario*, était protégé par l'action publicienne. Mais lorsque cette quasi-possession, prolongée pendant le temps déterminé, avait donné lieu à la prescription de long temps, nous ne croyons plus que l'action publicienne fût possible. Cette action, en effet, n'aurait pu protéger le possesseur de la servitude contre l'attaque du possesseur du fonds provincial, armé d'actions utiles, et à qui on aurait pu donner une action négatoire utile, aussi bien qu'on lui accordait une action utile en revendication.

L'action qu'on accordait au possesseur de la servitude, dans l'hypothèse où nous nous trouvons, devait être et était en effet une action réelle utile, action qu'il ne faut pas confondre avec la publicienne, car l'une était bien différente de l'autre. L'action publicienne n'avait lieu que lorsqu'il s'agissait de quasi-possession ou de quasi-tradition, et alors même que le *tradens* n'était pas le véritable maître du fonds. Au contraire, lorsqu'il s'agissait de prescription, apparaissait l'action réelle utile, et les textes ont eu grand soin de faire cette distinction ; car, traitant la matière qui nous occupe, au lieu de parler d'action publicienne, ils se servent toujours des expressions *actio utilis* : « *Si quis diuturno usu et longa quasi possessione, jus aquæ ducendæ nanctus sit..... Sed utilem habet actionem ut ostendat, per annos forte tot usum se, non vi, non clam, non precario possedisse* » (Dig.,

L. 10, pr. *Si serv. vind.*).— « *Ubi servitus non inve-*
nitur imposita, qui diu usus est servitute, neque vi,
neque precario, neque clam, habuisse longa consue-
tudine, vel ex jure impositam servitutem videatur...
Eritque ista quasi servitus ; in quam rem utilem ac-
tionem habemus vel interdictum » (Dig., L. 1, § 23
in fine : De Aqua et aq. pluv. arc.).

Quel était le temps requis pour cette prescription
avant Justinien? cette question est assez difficile à
résoudre, à raison du petit nombre de textes que
nous possédons sur ce sujet. Quelques commentateurs, s'appuyant sur ces mots « *per annos forte tot,* »
qu'on trouve dans la loi 10, *Si serv. vind.* (loi précédemment citée), ont prétendu qu'il n'y avait aucun
terme fixé pour la durée de la prescription, et que
c'était au juge à décider si le temps écoulé était ou
non suffisant pour l'entraîner. Mais nous ne saurions nous ranger de l'avis de ces commentateurs,
et nous pensons que le délai exigé nécessairement
par la loi était, dès cette époque, de dix ans
entre présents, et de vingt ans entre absents. La
loi 10, en effet, invoquée précédemment, ne doit
pas être tronquée, et, si elle contient ces mots « *per*
forte tot annos, » qui semblent bien en effet marquer
une certaine indétermination, elle contient également ceux-ci : « *turnus usus, — longa quasi pos-*
sessio, » expressions parfaitement claires, et qui nous
indiquent le délai nécessaire pour arriver à la prescription : « *Longi autem temporis præscriptio inter*
præsentes continuo denarii spatio, inter absentes
vicennii, comprehenditur » (Paul, Sent., liv. V, tit. II,

§ 3 (voir encore deux constitutions de Dioclétien, au Code : L. 9, *De Præsc. long. temp.*, et L. 7, *Quibus non obj. long. temp. præsc.*). Enfin la loi 2, au Code (*De Serv. et Aqu.*), indique formellement que le délai pour arriver à la prescription des choses immobilières s'appliquait aux servitudes.

Sous Justinien, les servitudes peuvent s'acquérir *jure civili*, par la prescription de long temps. Mais, pour arriver à ce résultat, il fallait que la *quasi possessio* eût ce *r*tins caractères déterminés. C'est ainsi qu'elle devait avoir duré dix ans entre présents et vingt ans entre absents, et d'une manière non vicieuse, sans interruption, *nec vi, nec clam, nec precario* (voir L. 10, *Si serv. vind.*, loi citée). Elle doit également avoir une *juste cause*, c'est-à-dire que l'exercice de la servitude doit avoir commencé d'une manière non vicieuse et dans des circonstances telles, que le possesseur eût pu se croire en droit de l'exercer *bono initio possidentis*. Cette juste cause suppose nécessairement la bonne foi du quasi-possesseur : c'est ce que nous trouvons dans un texte du Digeste, à propos de la servitude d'aqueduc : « *Sed et si jure aqua non debetur alicui, si tamen jure ducere se putavit : cum non in jure, sed in facto erravit, dicendum est, eoque jure utimur, ut interdicto hoc uti possit; sufficit enim si jure se ducere putavit, nec vi, nec clam, nec precario duxit* » (L. 1, § 10, *De Aqua cott.*).

Nous ne pensons pas qu'on doive assimiler complétement la prescription des servitudes à la prescription des choses immobilières, et nous croyons que le *justus titulus* n'est pas nécessaire. L'exercice loyal et public de la servitude, joint à la *patientia* du possesseur de la chose assujétie suffira pour donner à la possession un caractère de légitimité.

Il n'est pas nécessaire que la *patientia*, dont nous venons de parler, émane du propriétaire du fonds assujéti : le possesseur du fonds est encore plus intéressé que lui à défendre la liberté de sa terre, et la prescription pourrait très-bien avoir lieu à l'insu du propriétaire, si le possesseur ne faisait rien pour l'interrompre. La solution que nous donnons n'est cependant pas exempte de critiques, et quelques auteurs veulent la *scientia domini*. Ils citent à l'appui de leur thèse le texte suivant : « *Si aquam per possessionem Martialis eo sciente duxisti, servitutem exemplo rerum immobilium tempore quæsisti, etc.* » (Code, L. 2, *De Serv. et aqua*). Nous ferons remarquer que ce texte est le seul qui mentionne cette *scientia domini;* que, de plus, il nous semble impossible de transformer en règle de droit une circonstance de fait relatée dans un rescrit. La loi qu'on invoque est en effet un rescrit de l'empereur Antonin. Dans l'espèce qui lui était soumise, il y avait allégation d'une possession exercée au su de l'adversaire, et comme cette particularité avait de l'importance pour caractériser la possession invoquée, elle a dû être relevée par l'auteur du rescrit. Du reste, il suffit de se reporter aux loi 10, *Si serv. vind.;* L. 1, § 23, *De Aqua et aqua pluv. arc.*, au Digeste., lois qui traitent des conditions de l'acquisition des servitudes, pour voir que cette condition (*scientia domini*) n'était nullement exigée.

Nous avons dit précédemment que nous ne saurions assimiler complétement la prescription des servitudes à la prescription des choses immobilières. Cette proposition est loin cependant d'être universellement admise, et le système contraire compte quelques partisans. Deux textes émanant, l'un de l'empereur Antonin, l'autre de l'empereur Justinien, semblent bien, au premier abord, venir à l'encontre de notre doctrine; mais, après un examen attentif, on doit reconnaître que ces deux textes sont loin d'avoir la force qu'on veut leur donner. Le premier est ce rescrit de l'empereur Antonin, que nous avons déjà cité et dans lequel on trouve cette phrase : « ... *Servitutem exemplo rerum immobilium tempore quæsisti.* » Peut-on bien affirmer qu'Antonin a voulu faire une complète assimilation entre les servitudes et les choses immobilières ? évidemment non ; l'empereur a voulu dire simplement que les servitudes pourront être acquises par le long usage, ainsi que les choses immobilières. Et cette dernière interprétation nous paraît d'autant plus vraisemblable que ce rescrit fait en quelque sorte suite à un autre du même empereur qui expose les conditions de l'acquisition des servitudes, conditions qui ne sont pas les mêmes que celles de l'acquisition des choses immobilières.

Le second texte (constit. de Justinien) invoqué par nos adversaires ne nous semble pas non plus offrir une bien grande force probante. Dans cette constitution, que nous ne reproduirons pas, car elle est très-longue (elle se trouve au Code, L. 12, *De Præsc. long. temp.*), Justinien, résolvant diverses questions qui lui étaient

soumises à l'occasion de choses immobilières, leur
assimile d'une façon incidente les servitudes prédiales.
Mais il n'est point probable que cette assimilation fût
complète. Prenant à la lettre la constitution de cet
empereur, on obtient simplement le résultat suivant :
bonne foi au commencement de la prescription, et
usage de dix ans entre présents, et vingt ans entre
absents.

On peut très-bien, pour parfaire le temps requis
pour la prescription, joindre sa possession à celle de
son auteur ; mais il faut évidemment que celui-ci ait
aussi possédé avec les conditions requises pour la
prescription : « *At in utrubi interdicto, non solum
sua cuique possessio prodest, sed etiam alterius quam
justum est ei accedere, velut ejus cui heres extiterit,
ejusque a quo emerit aut donatione acceperit. Itaque,
si nostræ possessioni juncta alterius justa possessio
exsuperat adversarii possessionem, nos eo interdicto
vincimus; nullam autem propriam possessionem ha-
benti accessio temporis nec datur, nec dari potest:
nam ei quod nullum est nihil accedere potest. Sed et si
vitiosam habeat possessionem, id est aut vi, aut clam,
aut precario ab adversario adquisitam, non datur :
nam ei possessio sua nihil prodest* » (Gaïus, Com. IV,
§ 151).

Les caractères de la possession doivent-ils être
prouvés par celui qui s'en prévaut ? On a répondu négativement à cette question, sous le prétexte que, les
caractères de la quasi-possession étant formulés
négativement, on ne peut soutenir en général que
le quasi-possesseur doive en fournir les preuves. Cette

réponse nous paraît malheureuse, et elle viole la loi 10 au Digeste, *Si serv. vind.*, loi que nous avons déjà plusieurs fois citée. Du reste, ces deux opinions ne sont point inconciliables. Si, en effet, celui qui invoque la prescription doit prouver les caractères légaux de la possession qu'il allègue, son adversaire sera admis à faire la preuve que les actes allégués n'ont pas le caractère voulu par la loi; que, par exemple, ils ont été vicieux; que jamais il n'a eu connaissance de cette possession, qui lui a toujours été cachée. En définitive, on doit suivre les deux règles *actori incumbit probatio* et *reus excipiendo fit actor.*

Outre la *præscriptio longi temporis* dont nous venons de parler, il existe dans le droit de Justinien une *præscriptio longissimi temporis*, prescription qui s'appliquait à certains biens déterminés, par exemple aux fonds dotaux. Cette prescription pouvait-elle s'appliquer aux servitudes, et aurait-elle pu faire acquérir des charges semblables sur ces biens? Oui, sans doute; et, en effet, pourquoi la loi romaine, qui accordait sa protection à certains biens en prolongeant pour eux les délais de la prescription, se serait-elle montrée plus sévère lorsqu'il s'agissait de servitudes constituées sur ces mêmes biens? Nous ne croyons pas cependant que cette possession, si longtemps conservée, aille jusqu'à dispenser le possesseur de prouver sa bonne foi et le caractère public et paisible de sa possession.

Existait-il pour l'acquisition des servitudes (au moins pour celle d'aqueduc) une prescription immé-

moriale ? « *Ductus aquæ, cujus origo memoriam
excessit, jure constituti loco habetur* » (Dig., L. 3,
§ 4, *De Aqua cott.*).

Il ne s'agit pas ici d'une prescription ; le texte que
nous venons de citer signifie seulement que, lorsque
la servitude est exercée depuis si longtemps qu'on
ne se souvient plus du moment où a commencé cet
exercice, la servitude est considérée *par le préteur*
comme existant réellement selon le droit. Par le
préteur, disons-nous ; car la servitude n'existe pas
civilement, elle est seulement protégée par le droit
prétorien. On supposait avec raison que la personne qui exerçait cette servitude depuis si longtemps la possédait en vertu d'un juste titre, titre qui
pouvait très-bien se trouver perdu, et qu'on n'avait
pas besoin de montrer. « *Scævola respondit, solere
eos, qui juridicundo præsunt, tueri ductus aquæ,
quibus auctoritatem vetustas daret, tametsi jus non
probaretur* » (Dig., L. 20, *De Aqu. et aqu. pluv.
arc.*). Le mot *vetustas* comprend et la longue possession et celle *cujus memoria non extat* (voir Dig.,
même titre, L. 1, § 23, et L. 2, *pr.* § 1).

La possession immémoriale n'est donc pas un
mode d'acquisition des servitudes, même *jure prætorio ;* car, si le préteur protége la possession immémoriale de la servitude, c'est parce qu'elle est supposée acquise depuis tout le temps que dure cette
possession.

Tous les textes que nous venons de citer dans cette
dernière discussion ne parlent que de la servitude
d'aqueduc. Devons-nous en conclure que, seule entre

toutes les autres, elle se trouvait protégée par cette sorte de prescription immémoriale ? Cette question, assurément, est assez délicate, rien ne s'opposant, selon nous, à ce que les autres servitudes jouissent du même privilége, et cependant cet accord des textes à ne mentionner que l'aqueduc seul peut faire croire qu'il y avait ici une disposition exceptionnelle.

APPENDICE.

Avant de terminer ce qui est relatif aux modes d'établissement des servitudes, nous devons nous demander si les Romains avaient érigé en règle de droit ce genre d'établissement qui, chez nous, a reçu le nom *de destination du père de famille ?* Nous répondrons immédiatement que nous ne le pensons pas. Les jurisconsultes romains n'avaient cependant pas négligé la question, et nous allons passer en revue différents textes qui prouvent bien que ce cas avait été prévu et commenté. Mais les Romains ont toujours exigé pour la constitution d'une servitude une déclaration expresse, et ils ne tenaient aucun compte de l'état des lieux existant lors de la séparation, afin de sous-entendre la volonté de créer une servitude.

Citons d'abord un texte de Paul qui nous semble bien formel : « *Si quis œdes quœ suis œdibus servirent, cum emisset, traditas sibi accepit, confusa sublataque servitus est ; et si rursus vendere vult, nominatim imponenda servitus est : alioquin liberæ veniunt* » (Dig., L. 30, *De Serv. præd. urban.*).

Un autre texte d'Ulpien (L. 10, au Dig., *Comm. præd.*, etc.) n'est pas moins formel : « *Quidquid venditor servitus nomine, sibi recipere vult, nominatim recipi oportet : nam illa generalis receptio, quibus est servitus utique est : ad extraneos pertinet, ipsi nihil prospicit venditoris ad jura ejus conservanda : nulla enim habuit, quia nemo ipse sibi servitutem debet ; quinimo, et si debita fuit servitus, deinde dominium rei servientis pervenit ad me, consequenter dicitur cœtingui servitutem.* » Celui qui est propriétaire de deux fonds vend l'un d'eux et désire réserver pour celui qu'il garde une servitude sur celui qu'il abandonne. Il doit énoncer sa prétention, et ne pas se contenter d'une formule générale imposant à l'acquéreur l'obligation de subir toutes les servitudes déjà existantes. Cette clause ne saurait, en effet, être invoquée, et le vendeur ne peut pas dire qu'il a gardé la servitude qu'il avait sur le fonds aliéné, car cet immeuble lui appartenait, et, s'il pouvait en général en faire ce qu'il voulait, il ne pouvait cependant pas le grever d'aucune charge: *nemini res sua servit.* Et nous voyons le jurisconsulte aller encore plus loin et enseigner un principe que Paul (*loc. cit.*) a complètement adopté. Non-seulement, en effet, le propriétaire ne peut réclamer de servitude dans le cas que nous venons d'étudier, mais il en sera de même encore lorsque, les deux fonds qu'il possédait ayant appartenu auparavant à différents propriétaires, l'un d'eux, à cette époque, devait une servitude à l'autre. Par la réunion de ces deux fonds dans la même main, la servitude a été éteinte par confusion, et cette confu-

— 68 —

sion opérée produit encore ses effets alors que les fonds viennent à être de nouveau séparés.

On pourrait être tenté de rattacher les décisions qui précèdent à la maxime « que les obscurités d'un contrat de vente doivent être interprétées contre le vendeur ; » car, dans les textes que nous venons de citer, c'est en effet toujours le vendeur qui semble être la victime, faute d'explications suffisantes de sa part. Ce serait cependant une erreur d'adopter de semblables conclusions, et il peut fort bien se présenter des hypothèses où l'exclusion de ce mode de constitution lèse aussi bien l'acheteur que le vendeur. Julien (L. 31, Dig., *De Serv. præd. rust.*) nous en donne un exemple : Trois fonds sont voisins les uns des autres ; le propriétaire du fonds inférieur a une servitude de prise d'eau sur le fonds supérieur, et cette eau, pour venir à son fonds, coule sur celui du milieu ; le propriétaire du fonds dominant se rend acquéreur du fonds servant. *Quid* de la servitude ? Julien répond qu'elle n'est pas perdue, parce que la confusion n'a pu l'éteindre, attendu que l'héritage par lequel l'eau coulait n'a jamais appartenu au propriétaire du fonds inférieur. Il y a donc eu une portion des héritages intéressés dans la servitude qui est demeurée à l'état d'assujétissement. Dès lors, par suite du caractère d'indivisibilité qui affecte la servitude, l'extinction du droit n'ayant pas été totale, la confusion fait défaut, car elle ne peut être partielle. Si donc il y avait eu réunion, dans la même main, des trois patrimoines, il y aurait eu confusion, et la servitude aurait été éteinte, et *l'acheteur* n'aurait pas été admis à invoquer l'état matériel des lieux, pour conserver à son profit les travaux destinés à faciliter l'irrigation.

L'influence de la destination du père de famille n'est point cependant restée totalement inconnue en droit romain , et la force des choses l'emportait parfois sur cette idée qu'une servitude ne peut exister qu'en vertu d'une constitution expresse. Telle est l'hypothèse prévue dans le texte suivant : « *Qui duas tabernas conjunctas habebat, eas singulas duobus legavit. Quæsitum est, si quid ex superiore taberna in inferiorem inædificatum esset : num inferior oneri ferundo in superioris tabernæ loco contineretur? Respondit , servitutem impositam videri.....* » (Dig., L. 1, *De Serv. leg.*) (1).

Une question des plus graves, et que nous ne pouvons nous dispenser d'examiner en terminant ce que nous avons à dire au sujet de la matière que nous traitons, est celle de savoir si on peut, en établissant une servitude, y ajouter un terme ou une condition.

Papinien , dans la loi 4, pr. *De Serv.*, au Digeste, s'occupant du terme et de la condition, s'exprime ainsi : « *Servitutes ipso quidem jure neque ex tempore, neque ad tempus, neque sub conditione, neque ad certam conditionem, verbi gratia: quamdiu volam, constitui possunt; sed tamen si hæc adjiciantur, pacti vel per doli exceptionem occurretur* contra placita ser-

---

(1) Ce texte, qui est de Minuclus, est reproduit par Julien, qui semble être plus sévère et ajoute : « *Videamus, ne hoc ita verum t', si aut nominatim hæc servitus imposita est, aut ita legatum datum est, tabernam meam,* UTI NUNC EST, *do, lego.* »

5

vitutem vindicanti. » De ce texte il résulte, d'une
façon certaine, que, dans le pur droit civil, on n'admettait ni condition ni terme dans la constitution des
servitudes, mais que le préteur, en accordant, à celui
qui voulait repousser la demande de la personne qui
revendiquait la servitude *contra placita*, une exception de pacte et de dol, donnait à la convention une
force obligatoire.

Les servitudes, nous dit Papinien, ne pouvaient être
constituées *neque ex tempore, neque ad tempus,
neque sub conditione, neque ad certam conditionem.*
Cette prohibition se rattachait-elle à la nature des
modes employés pour leur constitution, ou bien,
au contraire, était-elle absolue et tenait-elle au caractère de ces mêmes servitudes, les jurisconsultes
romains ne pouvant concevoir que la constitution
des servitudes pût être subordonnée, dans son
existence ou sa durée, à une condition quelconque?
Pour répondre à cette question, nous diviserons
notre sujet en deux parties : dans la première, nous
traiterons de la condition et du terme suspensifs;
dans la seconde, nous examinerons si les règles que
nous avons données à propos de la première partie
sont applicables à la condition et au terme résolu-
toires.

1° En ce qui concerne la condition et le terme suspensifs, nous croyons que la prohibition qui les frap-
pait ne se référait qu'aux modes de constitution *inter
vivos* des servitudes : la mancipation, la cession juridique, l'adjudication, qui n'admettent pas de condition. D'abord, il est bien certain que le texte de

Papinien ne fait allusion qu'à des conventions, à des actes entre-vifs lorsqu'il parle d'une exception de pacte pour repousser l'action réelle de celui qui revendiquerait la servitude *contra placita.* (Cette exception, destinée à faire respecter la restriction mise à l'établissement des servitudes, ne pourra s'appliquer qu'au cas où l'insertion d'une condition n'aura pas entraîné la nullité totale de l'opération : par exemple lorsqu'une condition suspensive aura été insérée dans un pacte adjoint à une mancipation ou à une cession juridique faites purement et simplement.) Mais des textes bien plus formels viennent prouver que la prohibition de la condition ou du terme tient au mode de constitution, et non à la nature même de la servitude. La loi 23, § 1, au Digeste, *De Serv. præd. urban.,* loi dont nous avons déjà parlé, nous apprend qu'on peut constituer une servitude sur un édifice futur. Cette constitution est bien faite à terme et à la condition que la construction s'élèvera. De même, dans la servitude *aquam quærere et inventam ducere,* servitude qui comprend celle d'aqueduc, il est bien certain que cette dernière (l'aqueduc) n'existera qu'autant que l'eau aura été trouvée, *si inventa sit* (L. 10, Dig., *De Serv. præd. rust.*).

Nous avons également vu que, lorsque plusieurs propriétaires d'une portion indivise de terrain ont consenti séparément une servitude sur leur fonds, de façon cependant que tous les consentements soient intervenus du vivant des coconsentants, toutes ces cessions sont censées avoir été faites le même jour, c'est-à-dire le jour où la dernière d'entre elles est in-

tervenue. Les premières cessions étaient donc faites
sous la condition suspensive que les dernières se
produiraient en temps utile (Dig. L. 18, *Comm.
præd.*).

Mais, si les modes de constitution entre-vifs ne pouvaient recevoir ni terme ni condition, il n'en était pas
de même de ceux *mortis causa*, et nous allons voir
que, lorsque la servitude était constituée par legs *per
vindicationem*, mode qui admettait la condition, cette
condition existait, *ipso jure* (ce qui prouvera bien
que les servitudes prédiales admettaient le terme et
la condition suspensifs).

« ... *Quamquam si sub conditione quis fundum
legasset, viam pure, aut pro parte fundum pure,
pro parte sub conditione, et viam sine conditione : si,
pendente ea, legati dies cessisset, interiturum fore viæ
legatum ; ut responsum est, cum alteri ex vicinis, qui
fundum communem habebant, viam sub conditione,
alteri pure legasset, pendente conditione decessisset,
quia alterius legatarii impedimento esset, quominus
solidus fundus cum via vindicaretur* » (L. 3, *in fine*,
Dig., *De Serv. leg.*).

Le jurisconsulte Marcellus prévoit dans ce texte
l'hypothèse suivante : étant donnés deux copropriétaires d'un fonds, on a légué une *via* pour y accéder,
à l'un purement et simplement, à l'autre sous condition : si la condition du dernier legs n'est pas encore accomplie lorsque l'autre devrait produire son
effet, les deux legs disparaissent. Le legs d'une servitude sous condition produit donc les effets ordi-
naires d'un legs conditionnel ; le jurisconsulte, en

effet, en parle comme d'une chose usuelle, et les legs ne peuvent se trouver annulés qu'en admettant que la condition mise à l'un d'eux suspend *ipso jure* l'ouverture du droit qu'il a pour objet de conférer. De plus, et ce qui prouve bien que ce legs existe *ipso jure* sous condition suspensive, c'est que, s'il en était autrement, la condition ne pouvant donner lieu qu'à une exception de pacte et de dol, le legs serait en droit civil comme pur et simple et ne disparaîtrait pas lorsque la condition ne se serait pas réalisée en temps utile (1).

2° Ce que nous venons de dire à propos de la condition et du terme suspensifs peut-il s'appliquer à la condition résolutoire et au terme *ad quem* ? nous ne le pensons pas, et nous ne croyons pas qu'on pût limiter, par une condition expresse, la durée d'une servitude. Que la servitude soit constituée par legs ou par acte entre-vifs, elle sera perpétuelle comme le fonds, dont elle est une qualité, et ne pourra prendre fin que par un des modes d'extinction établis par la loi. Ici la loi 4 est générale, et la règle qu'elle porte est indépendante du mode de constitution ; notons que l'insertion de la condition dans l'acte constitutif n'entraîne pas la nullité de cet acte, la condition est seulement non avenue, et *jure ipso* la servitude reste perpétuelle ; mais si la condition se réalisait, le propriétaire du fonds servant résisterait au moyen d'une exception de pacte ou de dol à toute demande par laquelle on revendiquerait la servitude *contra placita*.

(1) Voir Dufnois, p. 182 et suiv., 220 et suiv.

Cependant, en fait, une servitude pouvait se trouver soumise à une chance d'extinction résultant d'une condition. C'est ce qui arrivait lorsque, par exemple, elle était constituée sur un fonds, par un acquéreur sous condition résolutoire, ou *pendente conditione* par un héritier sur un fonds légué sous condition suspensive.

A côté du terme et de la condition vient se placer le *modus*. On entend par *modus* la délimitation de la servitude, la fixation des limites dans lesquelles devra se renfermer son exercice : par exemple, convenir qu'une servitude ne pourra s'exercer qu'à certains jours ou à certaines heures, c'est y apposer un *modus*.

Les servitudes prédiales comportaient très-bien le *modus*. Papinien, dans les §§ 1 et 2 de la loi 4, *De Serv.* (loi dont nous avons cité le *pr.*), continue ainsi :
§ 1. « *Modum adjici servitutibus posse constat, veluti quo genere vehiculi agatur, vel non agatur, veluti ut equo duntaxat, vel ut certum pondus vehatur, vel grex ille transducatur, aut carbo portetur.* » — § 2. « *Intervalla dierum et horarum, non ad temporis causam, sed ad modum pertinent jure constitutæ servitutis.* »

Du temps des jurisconsultes romains, cette distinction entre le *dies* et le *modus* avait une grande importance pratique. Ainsi une personne qui avait acquis une servitude *usque ad certum diem*, et qui se trouvait dans le cas, avant l'expiration du terme, d'intenter une action pour faire reconnaître à son profit l'existence de cette servitude, n'avait nul besoin de

mentionner le terme dans l'*intentio* de sa formule,
puisque ce terme, nul *ipso jure*, ne pouvait lui être
opposé que par exception; le *modus*, au contraire,
devait être exprimé, sans quoi elle aurait encouru la
plus-pétition: « *Si de altius tollendo aget is qui in
infinitum tollendi jus non habet, si non expresserit
modum, plus petendo causa cadit, quasi intenderit
sibi jus esse in infinitum tollere* » (*Fragm. Vat.*,
§ 53).

DROIT FRANÇAIS.

PRÉLIMINAIRES.

La matière des servitudes est une de celles sur lesquelles la jurisprudence des différents parlements du royaume de France était le plus divisée, celle qui, bien que reposant sur un petit nombre de règles communes, puisées dans le droit romain, donnait lieu aux conséquences les plus diverses et souvent les plus opposées.

Quelques jurisconsultes avaient bien, à diverses époques, essayé de jeter quelque lumière sur cette matière si difficile et si importante. Nous possédons encore les ouvrages de Davezan, *Servitutum liber;* Cœpolla, *Tract. de servitut.;* Dandini, *De Servitutibus prædiorum.* Mais leurs travaux, écrits en langue latine, étaient, au reste, fort imparfaits et peu répandus.

L'ouvrage qui, à cette époque, était le mieux connu et se trouvait dans les mains de presque tous les hommes de loi, avait nom : *Traité des servitudes,* et émanait d'Astruc, professeur à l'Université de Toulouse; ce n'était qu'un véritable petit programme contenant deux cents pages à peine.

Un célèbre avocat du parlement de Paris fut le premier qui jeta véritablement quelque clarté sur la matière des servitudes, en résumant les principes généraux et rassemblant les monuments de la jurisprudence des différents parlements du royaume, sur l'acquisition et l'extinction de ces charges.

Certes, le *Traité des Servitudes réelles* de Lalaure est loin d'être parfait et de présenter, surtout d'une façon complète, tout ce qui est relatif au sujet qu'il traite ; mais son ouvrage mérite encore aujourd'hui d'être cité et consulté, et il a beaucoup aidé aux jurisconsultes qui depuis ont traité ce chapitre.

Les rédacteurs du Code civil, touchés de l'état désolant dans lequel se trouvait la matière que nous étudions, résolurent de mettre fin à cet état de choses. Depuis la promulgation du Code, un grand nombre d'ouvrages ont été publiés sur les servitudes, et aujourd'hui, grâce aux efforts des législateurs, grâce aux soins des jurisconsultes qui sont venus jeter les éclaircissements jusque sur les points les plus obscurs, nous pouvons dire hautement qu'il n'existe pas dans notre Code de sujet qui ait été plus exploré et plus approfondi. Et cependant, malgré tous ces soins, toutes ces recherches, tous ces travaux, la matière dont nous nous occupons offre encore bien des difficultés, et il existe plusieurs points sur lesquels la lumière n'a point été encore faite, plusieurs points devant lesquels les jurisconsultes les plus éminents sont obligés de s'arrêter et de se demander si la solution qu'ils donnent est bien exacte.

Notre intention n'est point de suivre dans leur

marche les divers auteurs qui ont écrit sur ce chapitre, d'exposer avec eux tout ce qui a rapport aux servitudes ; notre tâche sera plus simple ; et nous traiterons uniquement de l'*établissement des servitudes conventionnelles*.

Les servitudes conventionnelles sont, en effet, les seules auxquelles conviennent véritablement le nom de servitudes ; elles constituent, ainsi que le dit M. Pardessus, une véritable dérogation au droit commun de la propriété foncière : c'est le fait de l'homme, c'est-à-dire sa volonté particulière qui, modifiant la condition légale et ordinaire de sa propriété, asservit un héritage au profit d'un autre, en conférant au premier un droit réel et spécial sur le second.

Nous aurons bien à nous occuper cependant, mais le cas se présentera rarement, des servitudes qui résultent de la disposition des lieux ou de la volonté de la loi, autrement dit des servitudes naturelles ou légales. Car, bien que ces charges, dans le sens strict du mot, ne puissent s'acquérir ; bien qu'elles existent indépendamment du consentement des individus, cependant elles peuvent, dans bien des cas, s'accroître ou se modifier par l'effet des conventions, et surtout par la prescription ; nous pourrons donc avoir occasion de leur appliquer les règles que nous allons développer dans la suite de ce travail.

Pour qu'il y ait servitude entre deux fonds, il faut qu'il existe entre eux telle relation, que le fonds servant en soit amoindri et déprécié, et qu'au contraire le fonds dominant soit amélioré, avantagé, et cette relation doit être considérée dans les héritages et non pas dans les propriétaires. Peu importe que les fonds ne soient pas contigus, si leur voisinage suffit pour que cette relation puisse utilement exister. Le voisinage s'apprécie en cette matière, dit Vinnius (1): « *Non ex prædiorum conjunctione vel confinio, sed ex commoditate utendi.* »

Dans notre droit français, comme en droit romain, les servitudes ne consistent qu'à souffrir ou à ne pas faire. Elles ne consistent jamais à faire, et n'ont aucun rapport avec les services fonciers ou corvées du droit féodal, qui sont effacées pour toujours, nous l'espérons, de nos nouvelles institutions.

Les parties peuvent, il est vrai, déroger à cette règle par une convention spéciale et mettre au compte du propriétaire du fonds servant la charge de faire, par exemple les travaux nécessaires à la conservation de la servitude; mais, dans ce cas, ce n'est pas, à proprement parler, la personne qui est obligé, c'est plutôt le fonds lui-même; le propriétaire n'est tenu qu'indirectement et en sa qualité de propriétaire. Il a donc la faculté de s'affranchir de l'obligation dont il est chargé, en abandonnant le fonds assujéti au propriétai redu fonds dominant.

Le droit romain admettait, au moins pour les servitudes rurales, qu'elles fussent l'objet d'une hypothèque, comme pouvant être détachées du fonds dominant. Il n'en est pas ainsi sous l'empire de nos lois. A Rome, la vente d'un bien hypothéqué était faite de gré à gré, pourvu que ce soit sans fraude; et,

(1) Ad *Institut.* : De Servit., *princip.*, n° 0.

dès lors, on avait pu autoriser, *propter utilitatem con-trahentium*, la vente à l'amiable de ces servitudes à un propriétaire voisin, *ut vendere eas vicino liceat.* Mais, chez nous, cet expédient serait impraticable avec notre système de ventes aux enchères publiques. Le droit romain ne l'admettait lui-même que pour la classe des servitudes rurales qui pouvaient être également utiles à plusieurs fonds voisins.

Nous venons de faire remarquer que, dans notre droit, les servitudes ne peuvent pas *principaliter* faire l'objet d'une hypothèque; mais si l'on cesse de les considérer isolément et abstraction faite du fonds dominant, elles suivront le sort du fonds sur lequel elles sont établies, libres ou hypothéquées, selon que le fonds lui-même sera libre ou hypothéqué.

Les servitudes sont-elles indivisibles? Nous répondrons que l'indivisibilité est un des caractères les plus essentiels de la servitude. « Les droits de servi-
» tude réelle sont indivisibles et ne sont pas suscep-
» tibles de parties ni réelles ni même intellectuelles,
» car il répugne qu'un héritage ait pour partie sur
» l'héritage voisin un droit de passage, un droit
» de vue, ou quelque autre droit de servitude, et il ré-
» pugne pareillement qu'un héritage en soit chargé
» pour partie. L'usage d'un droit de servitude peut
» bien être limité à certains jours, à certaines heures;
» mais ce droit, dont l'usage est ainsi limité, est un
» droit entier de servitude et non une partie du
» droit. » (Pothier, *Introd.* au tit. XIII, des *Servitudes réelles*, Cout. d'Orléans.)

On peut donc poser comme principes certains :

1º Que la servitude est due activement à tout le fonds dominant et à chacune des parties de ce fonds ;

2º Qu'elle est due passivement par tout le fonds servant, et par chacune des parties de ce fonds.

L'application de ces deux principes incontestables est intéressante si l'on suppose que le fonds dominant ou le fonds servant se trouvent divisés entre plusieurs propriétaires.

Ainsi, le partage du fonds dominant entre plusieurs propriétaires étant, à l'égard du fonds servant, *res inter alios acta*, la servitude reste après le partage ce qu'elle était auparavant : elle n'a ni plus ni moins d'étendue; avant le partage elle était due au fonds entier, après le partage elle est due à chacune de ses portions. Prenons pour exemple le droit de passage : il appartiendra à tous les copropriétaires, mais ils devront l'exercer tous par le même endroit. Le fait du passage est indivisible; si nous considérons au contraire un fait qui est divisible, comme le fait de prendre chaque année une certaine quantité de terre, de marne, le bénéfice de la servitude est alors partagé entre tous les copropriétaires, proportionnellement à leurs parts dans le fonds dominant. Il ne faut pas confondre l'indivisibilité du droit de servitude avec l'indivisibilité du fait par lequel on l'exerce.

Si le fait de la division se produit à l'égard du fonds servant, nous appliquerons évidemment les mêmes règles. Cette hypothèse, comme la précédente, est réglée par le principe : *Res inter alios acta, aliis neque nocere, neque prodesse potest.*

Quelques personnes pensent cependant, lorsqu'il s'agit de la servitude de passage, que, dans le cas où cette servitude a été assignée sur une partie du fonds qui, dans le principe, était assujéti en entier, le lot dans lequel se trouvera cette partie du fonds restera seul grevé de cette servitude. Nous ne saurions admettre cette solution; le fonds tout entier était grevé de la servitude, sa division n'a pu altérer le droit du propriétaire du fonds dominant: toutes les parties restent donc assujéties à la servitude, les unes, celles qui ont été affectées à l'exercice de ce droit, purement et simplement; les autres, sous la condition que la portion sur laquelle le chemin est actuellement établi sera plus tard détruite ou rendue impraticable par quelque cas fortuit.

Ces principes généraux posés, nous allons aborder le véritable objet de notre thèse.

CHAPITRE PREMIER.

DES DIVERSES ESPÈCES DE SERVITUDES QU'ON PEUT ÉTABLIR. — DE LEURS DIVISIONS.

Lors de la confection de la section première du chapitre III *des Servitudes*, deux voies s'ouvraient au législateur : il pouvait, ainsi qu'il l'avait fait pour les servitudes naturelles et légales, procéder par énumération, limitant leur nombre et les réglant dans leurs détails. Il pouvait, au contraire, laisser aux propriétaires liberté entière et leur permettre de constituer toute espèce de servitudes. De ces deux voies, la première était périlleuse et présentait une foule de difficultés, car les servitudes dont nous nous occupons sont innombrables; et une énumération nécessairement incomplète, en répandant des doutes sur celles omises, eût entraîné des longueurs excessives. Le législateur a donc cru devoir suivre la seconde, et il a été sagement inspiré lorsqu'il a décidé que, sur ce point, liberté entière serait laissée aux propriétaires. Toutefois, à côté de cette liberté, il a placé quelques restrictions.

L'art. 686 est ainsi conçu : « Il est permis aux pro-
» priétaires d'établir sur leurs propriétés, ou en fa-
» veur de leurs propriétés, telles servitudes que bon
» leur semble, pourvu néanmoins que les services
» établis ne soient imposés ni à la personne ni en fa-
» veur de la personne, mais seulement à un fonds et

» pour un fonds, et pourvu que ces services n'aient
» d'ailleurs rien de contraire à l'ordre public. »

De cet article, il résulte bien que le nombre des
servitudes est aussi varié que peuvent l'être les intérêts, quelquefois même les simples convenances
des propriétaires des fonds ; que les effets en peuvent
être modifiés avec la même latitude ; qu'enfin cette
liberté n'a d'autres limites que celles que lui impose
l'art. 686, à savoir qu'elles ne doivent pas être contraires à l'ordre public, ni imposées à la personne, ni
établies au profit de la personne.

De ces deux dernières expressions, que les servitudes ne doivent être : ni *imposées à la personne*, ni
établies au profit de la personne, on a conclu avec
raison que le Code prohibait les servitudes *personnelles*. Cette conclusion étonne au premier abord ;
car, dans certains articles qui précèdent notre section, nous voyons le Code autoriser d'une façon expresse la concession de droits d'usufruit, d'usage,
droits qui ne sont autre chose qu'une charge imposée
à un héritage au profit d'une personne.

Quel est donc le véritable sens de l'art. 686, et
qu'a-t-il voulu dire lorsqu'il déclare vouloir prohiber
les charges imposées à la personne au profit d'un
fonds ? quelles sont enfin les charges qu'on ne peut
imposer ni à la personne ni en faveur de la personne ?
Le Code, répondrons-nous, a rompu d'une façon
complète avec les anciennes traditions ; il ne considère légalement comme servitudes que les droits
et charges constituant des services fonciers entre
deux immeubles ; il n'admet et ne reconnaît le signe

6

de servitude que là où il y a un héritage dominant et
un héritage servant, servitude créée dans l'intérêt
de l'un des immeubles ; l'usufruit, l'usage ne portent pas chez lui ce nom significatif. « Quand on
» dit que le Code prohibe les *servitudes person-*
» *nelles*, ceci signifie qu'il prohibe les *servitudes*
» *réelles personnelles*, les servitudes *réelles* entachées
» de *personnalité*, c'est-à-dire ces phénomènes in-
» ventés par la féodalité, qui, sous la forme juridique
» des servitudes réelles et avec les attributions atta-
» chées à ces servitudes réelles, n'étaient, au fond,
» que des services imposés sur les fonds pour la
» *personne*, ou pour le fonds sur les *personnes*, ou
» tout à la fois sur les *personnes* et pour les *per-*
» *sonnes* (1). »

Mais, remarquons - le bien, la règle que nous
venons d'établir ne doit pas être poussée à l'extrême,
et nous ne croyons pas qu'il faille déclarer nulle, de
nullité absolue, la stipulation qui contiendrait l'établissement d'une servitude personnelle. Nous considérerions donc comme parfaitement valable un engagement qui ne devrait durer qu'un temps limité, qu'il
s'agisse d'un service dû par une personne au profit
d'une autre personne, ou d'une personne au profit
d'un fonds, et réciproquement. Cet engagement,
il est vrai, ne saurait plus être considéré comme
une servitude, mais bien comme une simple obligation. Et, en effet, ce qu'a voulu proscrire le législateur, ce sont uniquement ces engagements transmis-

(1) Marcadé, t. II, n° 610.

sibles *à perpétuité* à tous les successibles particuliers ou universels des contractants, et qu'on trouvait à chaque pas sous la féodalité, mais qui sont incompatibles avec les idées d'égalité et de liberté qui nous régissent aujourd'hui.

Les principes que nous venons d'exposer sont très-importants, et tiennent à l'essence des servitudes; mais il est souvent fort difficile de distinguer si, dans la stipulation intervenue, il n'existe pas un caractère personnel qui change la nature de la stipulation. Nous ne saurions donner de règles *à priori* sur cette question; c'est aux magistrats à rechercher le but que les contractants ont eu en vue, et à se demander si, par sa nature, le droit concédé procure une utilité réelle à l'héritage, ou seulement un avantage, un agrément personnel.

On ne doit pas oublier également qu'en matière de servitudes tout est de droit étroit. Les magistrats, dans l'interprétation des stipulations diverses, auront donc devant les yeux ce principe fondamental, que celui qui a droit à une servitude ne peut en user que selon son titre, et ne peut faire, ni dans le fonds qui doit la servitude, ni dans le fonds à qui elle est due, de changement qui aggrave la condition du premier.

« Les servitudes sont établies, ou pour l'usage des » bâtiments, ou pour celui des fonds de terre. Celles » de la première espèce s'appellent urbaines, soit » que les bâtiments auxquels elles sont dues soient » situés à la ville ou à la campagne. Celles de la » seconde espèce se nomment rurales. » (Art. 687.)

Cette distinction des servitudes en urbaines et rurales nous vient du droit romain, où elle présentait un grand intérêt pratique, les servitudes rurales étant *res mancipi*, les servitudes urbaines *res nec mancipi*. Elle y donnait lieu à de grandes difficultés, surtout lorsqu'il s'agissait de savoir si telle servitude appartenait à la première des deux classes, ou bien, au contraire, à la seconde. Nous ne voulons pas revenir ici sur la controverse élevée à ce sujet, et que nous avons déjà examinée dans notre thèse romaine; nous nous bornerons à répéter que, selon nous, à Rome, toute servitude à laquelle on ne pouvait songer sans que l'idée de construction se présentât à votre esprit était une servitude urbaine, lors même qu'il n'existait pour le moment aucune construction, et qu'au contraire toute servitude qu'on pouvait concevoir sans qu'elle appelât nécessairement dans l'esprit l'idée de construction était une servitude rurale.

Si cette distinction était utile en droit romain, elle était évidemment superflue sous l'empire de nos lois. Le législateur l'a cependant reproduite, oubliant qu'elle ne pouvait, chez nous, être d'aucune espèce d'utilité, puisque le Code applique les mêmes principes à toute espèce de servitudes, quels que soient les lieux où on les exerce et les lieux où on les souffre. De plus, elle a été inexactement reproduite, car ce n'est pas, ainsi que le dit l'art. 687, par la nature du fonds dominant, du fonds auquel la servitude est due, que se connaît la nature de la servitude : c'est par la nature de celui des fonds par lequel cette servitude subsiste et s'exerce, qu'il soit dominant ou servant (1).

Les servitudes se divisent encore en continues et discontinues, apparentes et non apparentes.

Les servitudes *continues* sont celles dont l'usage est ou peut être continuel, sans avoir besoin du fait actuel de l'homme : tels sont les conduites d'eau, les égouts, les vues, et autres de cette espèce.

Les servitudes *discontinues* sont celles qui ont besoin du fait actuel de l'homme pour être exercées : tels sont les droits de passage, pacage, puisage, et autres semblables.

Au sujet des servitudes continues et apparentes, on peut faire deux remarques importantes :

1° Une servitude continue ne doit pas *nécessairement* s'exercer sans interruption ; il suffit que l'usage puisse en être continu sans qu'il soit besoin du fait actuel de l'homme. Ainsi, et pour donner un exemple, nous dirons que la servitude d'égout est continue, bien qu'il ne puisse pas pleuvoir continuellement ; son exercice, en effet, n'exige pas le fait actuel du propriétaire du fonds dominant.

2° La servitude est continue, alors même que le fait de l'homme est nécessaire pour lever un obstacle qui s'oppose à l'exercice d'une servitude : telle est la la servitude de prise d'eau, bien que souvent, pour en user, on soit forcé d'ouvrir une écluse, lever une bonde ; car, une fois l'écluse ouverte ou la bonde

(1) Voir cependant l'ouvrage de M. Machelard, précédemment cité.

levée, la prise d'eau s'exerce d'elle-même, indépendamment du fait de celui qui en profite.

Les servitudes *apparentes* sont celles qui s'annoncent par des ouvrages extérieurs, tels qu'une porte, une fenêtre, un aqueduc.

Les servitudes *non apparentes* sont celles dont aucun signe extérieur ne révèle l'existence, comme par exemple la prohibition de bâtir au-delà d'une hauteur déterminée.

Cette distinction, inconnue aux Romains, a, au point de vue de l'établissement des servitudes par prescription, une utilité capitale.

Une servitude peut être *continue et apparente :* par exemple les servitudes de vue ; *continue sans être apparente :* servitude de ne pas bâtir ; *apparente sans être continue :* servitude de passage, lorsqu'elle est annoncée par des ouvrages extérieurs ; *discontinue et non apparente :* servitude de passage, lorsqu'elle n'est révélée par aucun signe extérieur.

La même servitude peut être tantôt apparente, et tantôt non apparente : exemple, la servitude de passage, selon que son existence est ou non révélée par des ouvrages extérieurs ; mais on n'en pourrait pas dire autant de la continuité et de la discontinuité, qui sont de l'essence même de telle ou telle servitude.

Une autre division des servitudes qui n'a guère plus d'utilité que la division en servitudes urbaines et servitudes rurales, et que nous indiquerons seulement pour mémoire, est celle qui classe les servitudes en *positives* et *négatives*.

Les premières sont celles qui autorisent le propriétaire du fonds dominant à faire quelque chose sur le
fonds servant, par exemple à passer. Les secondes
sont celles dont le seul effet est d'interdire certains
actes au propriétaire du fonds servant, par exemple
d'exhausser sa maison.

CHAPITRE II.

QUELLES PERSONNES PEUVENT CONSTITUER DES SERVITUDES.

L'effet des servitudes, ainsi que le dit M. Pardessus, étant de diminuer les droits et la liberté des héritages, de manière à en produire une sorte d'aliénation partielle, le propriétaire seul de l'héritage a le droit et le pouvoir de consentir l'établissement de ces sortes de charges.

Mais cette qualité de propriétaire du fonds à grever n'est pas, du moins en général, suffisante, et il faut y joindre la capacité de disposer de ses biens. Ainsi les héritages des mineurs et interdits ne peuvent être grevés de servitudes que par les tuteurs ou curateurs de ces personnes, et dans les cas déterminés par la loi (c'est-à-dire en cas d'absolue nécessité, et après avoir obtenu l'autorisation du conseil de famille et l'homologation du tribunal), pour l'aliénation de leurs biens ; ceux des personnes pourvues d'un conseil judiciaire, par ces personnes assistées de leur conseil. Nous examinerons plus loin les règles relatives aux servitudes qu'un mari veut imposer sur les biens de sa femme.

Le simple possesseur d'un fonds ne peut le grever de servitudes opposables au propriétaire. L'équité, en effet, veut que ce dernier reprenne son héritage libre de toutes charges imposées par les tiers. Les

personnes qui ont été trompées par le possesseur,
qui ont acquis les servitudes, ne sont pas dépour-
vues de tout recours : elles pourront exercer une action en dommages-intérêts ; de plus, leur bonne foi
les mettra à l'abri de toute répétition pour les jouissances antérieures aux réclamations du propriétaire.
Mais là s'arrêteront leurs garanties ; car, en définitive,
il y a bien de leur faute si elles n'ont pas mieux connu
la personne avec laquelle elles contractaient. Toullier, il est vrai, est d'avis contraire, et il soutient,
liv. III, n° 574, comme un point indiscutable, que le
possesseur annal d'un héritage peut établir des servitudes qui deviennent irrévocables si le propriétaire
néglige de former la revendication en temps utile.
Mais cette opinion, qui est universellement rejetée,
ne nous arrêtera pas, personne ne pouvant transférer
plus de droits qu'il n'en a.

Si le possesseur devient, par une cause quelconque,
postérieurement à la concession de la servitude,
propriétaire du bien grevé, ou si, plus généralement, les deux qualités de constituant et de propriétaire se trouvent réunies sur une même tête, la
constitution de la servitude se trouve dès l'instant
consolidée, et il ne serait pas reçu à exciper du défaut
de qualité, qu'il avait au moment de la constitution.
Bien plus, si, après avoir prescrit, conformément
aux art. 2262 et 2265 du Code civil, il remettait le domaine au véritable propriétaire, le concessionnaire
de la servitude pourrait invoquer la prescription, en
vertu du principe que nul ne peut renoncer, à une
prescription acquise, au préjudice de ses créanciers.

Quel sera le sort des servitudes constituées sur un fonds par celui qui le possédait en qualité d'héritier apparent? Nous croyons que ces servitudes doivent être annulées: héritier apparent n'est pas propriétaire; la constitution de servitudes qu'il fait sur l'héritage d'autrui doit donc être regardée comme nulle (art. 1599, *arg. d'anal.*). Doit-il être considéré comme mandataire de l'héritier véritable? pas davantage, puisque leurs droits sont opposés et que le premier prescrit contre le second. Du reste, en reconnaissant pour un instant chez l'héritier apparent la position de mandataire, on devrait encore lui refuser le droit de constituer une servitude, car, pour vendre un immeuble ou le grever de quelque charge, il faut un mandat exprès (art. 1988). La jurisprudence, il est vrai, ainsi que de nombreux auteurs, soutiennent l'avis contraire et valident les constitutions de servitudes faites par l'héritier apparent. Mais quelles sont les raisons principales qu'ils donnent à l'appui de leur système? Nous allons en examiner les principales, celles qui nous paraissent les plus intéressantes, et essayer de les réfuter: 1° L'art. 1240, nous dit-on d'abord, pose en principe que le payement fait au possesseur de la créance (par suite à l'héritier apparent) est valable même à l'égard de l'héritier véritable qui fait reconnaître ses droits. Si ce payement est valable, c'est évidemment parce que le débiteur qui l'a fait est de bonne foi et dans une erreur invincible: pourquoi ne pas maintenir les aliénations faites dans les mêmes circonstances? Ce premier argument se réfute facilement, et l'on a tort de

raisonner *a pari* sur deux faits complétement différents ; le débiteur est, en effet, contraint de payer,
sans quoi il s'expose à être poursuivi, saisi, exproprié.
Mais aucune nécessité ne force les tiers de contracter
avec un héritier apparent. S'ils ont quelques doutes,
qu'ils s'abstiennent ; s'ils passent outre, qu'ils subis-
sent toutes les conditions de la position qu'ils se sont
faite.

2° Les tiers n'ont aucun moyen de s'assurer si l'héritier est ou non propriétaire. Nous répondrons que le
Code a énuméré les avantages attachés à la bonne
foi, et, parmi eux, on ne trouve pas la consolidation
des droits consentis par le non propriétaire.

Du reste, nous croyons qu'on pourrait appliquer
ici les art. 987 et 1001 du Code de procédure, et,
assimilant l'héritier apparent au curateur à la succession vacante, nous considérerions comme valables
les constitutions de servitudes faites avec l'autorisation du tribunal.

Nous avons vu que le propriétaire seul peut con
sentir une servitude sur son fonds ; l'usufruitier n'a
donc pas le droit d'en établir sur le sol dont il jouit.
Il peut bien, il est vrai, consentir des droits qui
affectent sa jouissance usufructuaire, mais seulement
pendant la durée de l'usufruit, et pourvu qu'ils n'altè-
rent en rien la substance de la chose.

Mais il peut arriver, et le cas se présentera fréquemment, que l'usufruitier acquière le fonds grevé :
la servitude par lui consentie pendant son usufruit
devra-t-elle être considérée comme consolidée définitivement, ou bien, au contraire, devra-t-elle

prendre fin à l'époque où l'usufruit aura cessé ?
Nous ne saurions résoudre définitivement la question.
Les termes de la concession serviront, en effet, à
décider si la charge doit ou non frapper perpétuelle-
ment le fonds, et les tribunaux seront juges sou-
verains.

Le mari étant, pendant la communauté, usufruitier des biens propres de sa femme, on doit lui ap-.
pliquer ce que nous avons dit précédemment au sujet
de l'usufruitier. Il ne peut donc constituer de servitudes sur lesdits biens. C'est à la femme propriétaire, autorisée à cet effet par son mari, ou, à son
défaut, par justice, de constituer la servitude. Si le
mari avait fait seul la concession, la femme, en
renonçant à la communauté, pourrait refuser la con-
tinuation de la servitude et demander des dommages-
intérêts, si l'acquéreur avait détérioré le fonds.

Mais que décider si elle acceptait la communauté ?
pourra-t-elle même, dans ce cas, faire disparaître la
servitude, ou bien au contraire devrait-elle la respecter ? Pothier, sur cette question, a eu deux avis
différents. Après avoir enseigné, n° 179 (*Traité du
Contrat de la vente*), que, la femme acceptant la communauté, l'acheteur devait avoir une exception de
garantie contre la demande formée par ladite femme,
pour la faire déclarer non recevable pour la moitié, comme étant tenue, en sa qualité de commune,
de cette obligation de garantie pour la moitié, il
reconnaît, n° 253 (*Traité de la Communauté*), qu'il
s'est trompé, et soutient que la femme peut, quoiqu'elle ait accepté la communauté, revendiquer, son

héritage propre que son mari a vendu (ou grevé de servitudes), en offrant seulement à l'acquéreur la restitution du prix pour la part dont elle tenue comme commune, sauf à lui à se pourvoir contre les héritiers du mari pour le surplus et pour les dommages intérêts résultant de l'obligation de garantie.

La Coutume de Poitou avait sanctionné la même décision; son art. 130 permettait en effet à la femme, sans distinguer si elle était commune ou non, de se faire rendre son héritage propre, lorsque le mari l'avait vendu ou grevé de servitudes.

Sous le Code, la controverse est très-vive, et l'on compte jusqu'à quatre systèmes sur la question.

Nous n'avons pas l'intention d'entrer dans l'examen de ces différents systèmes; nous nous bornerons à exposer celui auquel nous nous rattachons. Selon nous, la femme acceptante pourra revendiquer l'immeuble entièrement libre, sauf à participer comme commune à la restitution du prix et aux dommages-intérêts. Deux raisons nous semblent militer en faveur de ce système : d'abord le mari ne doit pas pouvoir dépouiller la femme de ses biens personnels : la femme peut donc revendiquer son immeuble libre de toutes charges; ensuite la communauté est tenue d'une dette contractée par le mari : la femme qui accepte cette communauté est donc tenue de garantir l'acheteur (Zachariæ, t. III, p. 450; Duplessis, t. I, p. 395; Duranton, t. XIV, n° 321, etc.).

Quant à l'époux marié sous le régime dotal, nous disons qu'il ne peut, même avec le consentement de sa femme, grever les biens dotaux d'aucune espèce de

servitude, si ce n'est dans les formes et dans les cas prévus par les art. 1544 et suivants. Cependant le mari, étant usufruitier de la dot, pourrait concéder quelques droits ressemblant énormément à des servitudes; mais ces concessions ne subsisteraient que pendant la durée de son usufruit, à moins qu'elles n'aient été consenties pour un temps moins long, et elles ne devraient affecter que sa jouissance usufructuaire.

Quant aux biens paraphernaux, ces biens, n'étant point inaliénables, sont très-bien susceptibles de subir une servitude. Ils pourront donc se trouver valablement grevés, pourvu que le consentement de la femme dûment autorisée intervienne. Le mari n'a pas l'usufruit de ces biens; il ne pourrait donc pas, seul, les grever d'aucune espèce de charge. Il peut recevoir de sa femme mandat pour les administrer, et alors il a sur eux tous les droits que lui donne le mandat qu'il possède. Observons toutefois qu'un mandat général ne lui donnerait pas le droit d'imposer aucune servitude : il faudrait pour cela un mandat exprès. La constitution d'une servitude, en effet, est bien plutôt un acte d'aliénation qu'un acte d'administration.

Contrairement à ce qui avait lieu en droit romain, l'usufruitier et le nu-propriétaire, unis par une même volonté, peuvent très-bien imposer au fonds une servitude.

Le grevé de substitution peut-il établir une servitude sur les biens qu'il est chargé de conserver et de rendre? nous répondrons affirmativement. Le grevé

de substitution est en effet propriétaire, propriétaire
sous une condition résolutoire, il est vrai, en ce sens,
que sa propriété est subordonnée au prédécès des
individus appelés ; mais enfin il est propriétaire. Il
peut donc accorder des servitudes sur le fonds dont
il jouit ; seulement ces servitudes suivront la condition du droit du grevé : s'il meurt avant les appelés,
elles devront disparaître ; elles subsisteront au contraire si les appelés prédécèdent.

Quel serait le sort des servitudes imposées sur un
fonds dans les trois hypothèses suivantes : 1° par celui
qui a acquis sous pacte de rachat ; 2° par l'envoyé en
possession provisoire des biens d'un absent ; 3° par
un héritier sur un fonds légué par son auteur sous
une condition non accomplie ? Si le vendeur exerce le
pacte de rachat, si l'absent reparaît, si l'accomplisse-
ment de la condition rend le legs valable, la servitude ne subsiste pas : dans les deux premiers cas, en
effet, le vendeur d'un côté, l'absent de l'autre, sont
censés n'avoir jamais été propriétaires, et, dans le troisième, le legs sera censé avoir appartenu au légataire
du jour de la mort du testateur. Mais, au contraire, si
le rachat n'est pas exercé, si l'absent ne revient pas,
si le legs n'a pas son exécution, la servitude subsis-
tera, car elle aura été consentie par les véritables propriétaires. Celui qui a constitué une servitude sur un
fonds qu'il a reçu par donation, et dont il pourra par
la suite être obligé de faire le rapport, ou dont il
pourra être évincé par la révocation de la donation,
ne pourra également la rendre plus solide que son
droit : cette servitude, donc, subsiste ou non, selon

que e rapport et l'éviction seront exercés ou non. On ne peut concéder un droit plus solide que le titre en vertu duquel on le concède (art. 215, C. civ.).

Pour constituer une servitude *in perpetuum*, il faut donc, et cela est évident, avoir une propriété incommutable; autrement, la propriété étant résolue sur la tête du constituant, les droits qu'il a lui-même concédés à des tiers s'évanouissent avec le sien : *Resoluto jure dantis, resolvitur jus accipientis.* La loi fait cependant quelquefois exception à cette règle : c'est ainsi que si les envoyés en possession définitive ont constitué une servitude, et que l'absent reparaisse, il reprendra ses biens dans l'état où ils se trouveront (art. 132).

Une personne propriétaire d'un immeuble déjà grevé de servitudes peut, pourvu qu'elles ne préjudicient pas aux droits acquis antérieurement, en constituer de nouvelles sur cet héritage. Ces servitudes qui pourront être de la même espèce que les précédentes s'exerceront soit par le même endroit, soit par un endroit différent.

Peut-on consentir une servitude sur un fonds grevé d'hypothèques ? nous répondrons affirmativement, pourvu cependant que cette constitution ne préjudicie pas aux créanciers, qui, dans ce cas, pourraient en demander l'annulation Mais quels seront alors les droits des créanciers d'une part, de l'acquéreur de la servitude de l'autre ? L'opinion dominante est que le tiers qui acquiert un tel droit doit le purger de l'hypothèque ou du privilége, en faisant transcrire et dénonçant son titre aux créanciers inscrits. Mais, de tels droits n'étant pas susceptibles d'expropriation forcée, ni partant de surenchère, les créanciers inscrits, s'il arrivait que le tiers acquéreur offrit un prix insignifiant et vil, devraient avoir l'option entre un prix d'estimation par experts du droit constitué par le propriétaire, ou un supplément d'hypothèque à fournir par celui-ci, dans les termes de l'art. 2131.

Nous ne saurions nous ranger à cet avis ; et, en effet, il est bien vrai que, depuis la loi du 25 mars 1855 (art. 2), la transcription est exigée pour tout acte translatif de propriété ; mais cette transcription est-elle celle qui mène à la purge ? nous ne le croyons pas, et pour cette raison bien simple, à savoir : que, les droits dont il s'agit n'étant pas susceptibles d'expropriation forcée, les créanciers ne pourraient pas surenchérir. Cependant cette constitution peut être de telle nature qu'elle nuise aux créanciers inscrits. Ils pourront alors se tourner immédiatement contre leur débiteur et poursuivre leur remboursement en agissant contre l'immeuble grevé du privilége ou de l'hypothèque, sans tenir compte de la servitude concédée.

Le partage, dans notre droit, est translatif de propriété ; chacun des copartageants est censé avoir toujours eu une propriété pleine et exclusive sur les objets que le partage lui a attribués, et n'avoir jamais eu aucun droit sur ceux compris dans le lot de ses copartageants. La question de savoir si la servitude constituée par l'un d'eux sur l'un des immeubles indivis est constituée valablement ne peut donc pas être résolue *a priori* : il faut attendre le résultat du partage, partage que, d'ailleurs, le concession-

7

naire de la servitude est toujours, sauf stipulation
contraire, maître de provoquer ; car, du moment
qu'il y a convention, il faut que cette convention
puisse être exécutée. Si, le partage étant impossible,
on est obligé de recourir à une licitation qui fait
passer entre les mains de tierces personnes la
totalité du fonds, ou si, par l'effet du partage,
l'immeuble grevé tombe dans le lot de celui qui n'a
pas consenti les charges, nous déciderons que la
constitution des servitudes devra être considérée
comme non avenue, car cette constitution aura été
faite *a non domino*. Si, au contraire, l'immeuble
grevé échoit à celui qui a établi lesdites servitudes,
elles seront valables (1). car elles émanent d'un véritable propriétaire. Mais alors rappent-elles sur l'immeuble entier ou seulement sur la fraction qui, au
moment où elles ont été constituées, appartenait à
l'héritier duquel la constitution émane ? tout dépend
de l'intention des parties. Ces charges ont, en effet,
toute l'étendue, mais ne peuvent avoir que l'étendue
qui leur a été donnée par les contractants.

Le copropriétaire d'un fonds ne peut donc imposer
de servitude sur ce fonds sans le consentement de

---

(1) On devra cependant encore, dans ce cas, examiner les termes
de l'acte et les conditions dans lesquelles les volontés des parties se sont accordées. Si celui qui s'est obligé ne paraît pas l'a-
voir fait d'une façon absolue, il ne peut être tenu à aucune garantie. L'acquéreur de la servitude ne peut en effet soutenir qu'il
a ignoré la possibilité ou les chances d'une licitation ou d'un
partage ; nous lui accorderions seulement, d'après les termes de
l'art. 682, la faculté d'intervenir au partage et de le surveiller
pour empêcher la fraude.

ses copropriétaires, car la part des autres ne lui appartient pas. Dirons-nous qu'une servitude constituée en dehors de cette permission doit être considérée comme nulle ? nous n'irons pas jusque-là : la servitude existe, mais l'exercice en est subordonné à la volonté des autres copropriétaires, qui peuvent la rendre valable en donnant leur consentement soit en même temps, soit séparément et concurremment à l'acte constitutif de la servitude, ou postérieurement. Si ce consentement ne peut être obtenu, celui qui a consenti la servitude ne peut s'en prévaloir et refuser d'exécuter ce qu'il a promis ; il ne peut, en effet, exciper du droit d'autrui pour attaquer son propre engagement et s'en délier ; bien plus, il peut être condamné à des dommages-intérêts s'il a trompé l'acheteur en lui cachant, lors de la constitution de la servitude, sa véritable position (art. 1599). Il en serait de même si, après avoir fait connaître à l'acquéreur sa véritable qualité, il s'était engagé à rapporter la ratification de ses copropriétaires (art. 1120).

Si, par un motif quelconque, ce vendeur de servitudes devient propriétaire de la totalité de l'immeuble qu'il a grevé, il est obligé, s'il n'y a stipulation contraire, d'en faire jouir l'acquéreur, puisque l'exécution de la convention dépend de lui seul.

SECTION II.

QUELLES PERSONNES PEUVENT ACQUÉRIR DES SERVITUDES.

Nous n'avons que peu de chose à dire au sujet des personnes qui peuvent acquérir des servitudes. On peut affirmer d'une façon générale que tous ceux qui peuvent constituer des servitudes peuvent en acquérir, et il importe peu que le fonds soit soumis à un usufruit ou à un usage ; le propriétaire peut toujours, en règle générale, acquérir une charge pour son fonds. Sans doute l'exercice de la servitude sera, la plupart du temps, subordonné à l'extinction de l'usufruit ou de l'usage, sans doute l'usufruitier ou l'usager pourra ne pas en jouir et empêcher l'exécution sur le fonds de tout ouvrage propre à l'exercice de la servitude ; mais là se borneront leurs droits, et ils ne pourront s'opposer à la constitution elle-même.

Tous ceux qui peuvent constituer des servitudes peuvent, avons-nous dit, en acquérir. Il nous faut aller plus loin encore, et établir qu'il existe certaines catégories de personnes qui, incapables de consentir une servitude, peuvent fort bien, au contraire, en acquérir au profit de leurs fonds. C'est ainsi que les mineurs, les femmes mariées non autorisées, les tuteurs, les maris pourront acquérir des servitudes, bien que nous ayons établi plus haut qu'ils étaient incapables d'en consentir. Et, en effet, l'acquisition d'une servitude augmente la valeur et l'agrément du fonds dominant, et l'incapacité de contracter dont ils sont frappés ne peut être invoquée que par eux ou par ceux pour qui ils agissent, et non par les personnes avec lesquelles ils ont contracté.

Le possesseur de bonne ou mauvaise foi peut également acquérir des servitudes au profit du fonds qu'il possède , sauf règlement entre le propriétaire et le possesseur relativement aux conditions du marché conclu ; et, en effet, dit M. Demolombe (t. II, p. 245), « le propriétaire qui a consenti la servitude sur son fonds a traité plutôt avec la chose qu'avec la personne. Il en est de même de ceux qui ne sont ni propriétaires ni mandataires ou représentants du propriétaire lorsque l'acquisition de la servitude est la condition d'une stipulation qu'ils font pour eux-mêmes » (art. 1121).

Mais, dans tous les cas, si les mineurs, les femmes mariées mais non autorisées, les propriétaires qu'on a ainsi représentés, trouvent la convention onéreuse, ils peuvent la faire annuler, ou refuser de l'exécuter en renonçant, bien entendu, à la servitude.

L'usufruitier ne peut acquérir (1) de servitude au profit du fonds dont il a l'usufruit ; les droits qu'il stipulerait s'éteindraient avec sa jouissance, et le propriétaire ne pourrait réclamer l'exécution de l'engagement. Il en serait autrement si, dans l'acte d'acquisition, il déclarait agir au nom du propriétaire ou pour le fonds, ou bien encore s'il stipulait que la servitude

(1) Nous ne parlons ici que de l'acquisition à titre onéreux.

est établie en faveur de tous ceux qui posséderont
après lui.

Ce que nous disons de l'usufruitier doit s'appliquer
à l'emphytéote. Le contrat d'emphytéose, fort usité
autrefois, mais aujourd'hui un peu tombé en désué-
tude, est une convention par laquelle le propriétaire
d'un domaine en aliène la jouissance pour un certain temps, moyennant une redevance annuelle. Ainsi
que l'usufruitier, l'emphytéote pourra très-bien acquérir des servitudes, mais seulement *durante em-
phyteusi*, et ces servitudes disparaîtront lorsque sa
jouissance cessera.

Le fermier et le locataire ne peuvent acquérir de
servitudes pour le fonds dont ils jouissent ; les droits
qu'ils acquièrent ne sont que de simples obligations
personnelles qui cessent à la fin du bail.

Nous avons vu, dans la section précédente, que le
copropriétaire d'un fonds commun pouvait concéder sur ce fonds une servitude valable et obligatoire
pour lui-même. Par une conséquence nécessaire,
nous devons lui reconnaître la capacité d'acquérir un
droit de cette nature au profit de ce fonds. En droit
romain, on décidait autrement ; mais cette décision
rigoureuse et subtile ne saurait être adoptée sous
l'empire de nos lois modernes. Il existe en effet un
principe dans les sociétés, principe qui doit s'appliquer à la copropriété d'un objet, et qui veut que tout
ce dont un associé enrichit la chose commune profite à ses coassociés, sans qu'il soit besoin de leur consentement. Le copropriétaire peut donc, et sans qu'il
ait besoin d'obtenir le consentement postérieur des

autres copropriétaires, acquérir une servitude au profit du fonds commun. Ces derniers peuvent évidemment refuser d'en profiter, prétendant qu'un acte semblable n'est pas seulement un fait d'administration, mais bien une innovation sur l'immeuble ; mais ce refus ne changera en rien le sort de celui qui a concédé la servitude, et ne gênera pas (au contraire de ce qui a lieu pour la constitution) l'exercice de la servitude, puisque cet exercice n'a pas lieu sur ce qui leur appartient, et ne porte atteinte à aucun de leurs droits.

Un copropriétaire peut très-bien, en vue du partage de la chose commune, acquérir au profit de sa part, et uniquement dans son intérêt personnel, un droit de servitude. Cette acquisition est très-valable, et nous avons vu que, même à Rome, on pouvait acquérir une servitude au profit d'un édifice non encore construit (Duranton, t. V, n° 552) (1). Les termes de la convention servent à fixer à quel moment la servitude commencera ; elle peut être exercée immédiatement, ou seulement après le partage. Dans le premier cas, et pour certaines servitudes tellement indivisibles qu'elles ne peuvent avoir leur effet au profit d'un seul sans que tous en profitent (celle, par exemple, de ne pas élever un mur devant un jardin in-

---

(1) Le copropriétaire est, en principe, censé agir en nom commun, lors même qu'il serait seul qualifié dans l'acte, car c'est moins la qualité que prend l'acquéreur que l'effet ou l'objet de l'acquisition qu'il faut considérer. Il devra donc, pour éviter toute discussion à ce sujet, clairement énoncer dans l'acte qu'il n'entend acquérir que pour son nom et pour sa part.

divis entre plusieurs), il arrivera que les autres copropriétaires jouiront de la servitude pendant l'indivision ; mais cet avantage, qui n'est que le résultat de la force des choses, n'est pas un droit pour eux ; il ne durera que pendant l'indivision ; après le partage, ceux qui n'ont pas acquis ne pourraient exercer la servitude.

Appliquerons-nous ici ce que nous avons établi à la section précédente, et dirons-nous que, dans le cas où un copropriétaire a acquis pour sa part seulement, celui qui a concédé la servitude peut le forcer à procéder au partage, pour déterminer la portion du fonds à laquelle son héritage sera assujéti ? Non, évidemment ; et, en effet, lors de la concession, il a dû prévoir cette hypothèse ; c'était à lui à prendre toutes les précautions nécessaires au moment de la vente, à bien établir quelles étaient sa volonté, ses intentions, car il était vendeur, et il pouvait faire la loi ; s'il ne l'a pas fait, il doit supporter les conséquences de sa faute, de sa négligence.

Mais que décider si le partage donne à l'acquéreur une portion d'immeuble tellement disposée que l'exercice de la servitude soit impossible ; ou si, tout au contraire, le partage étant reconnu impraticable, on est forcé de recourir à une licitation qui donne l'immeuble entier à l'acquéreur de la servitude ? Dans le premier cas, la personne qui a constitué n'est pas libérée, et elle devra souffrir la servitude lorsque l'exercice en sera devenu possible ; dans le second cas, et s'il est démontré que l'usage de la servitude est plus onéreux pour le grevé, on devra lui donner une indemnité.

CHAPITRE III.

DE L'ÉTABLISSEMENT DES SERVITUDES.

Les servitudes peuvent résulter principalement de trois causes : elles s'acquièrent par *titres*, par *prescription* et par la *destination du père de famille*.

Il faut bien se garder de confondre ces trois modes de constitution des servitudes ; des différences importantes les séparent. Outre, en effet, que le premier d'entre eux est de beaucoup le plus employé, il s'applique encore à un grand nombre de servitudes que ne sauraient comprendre les deux autres. Dans les trois modes de constitution, sans doute, la servitude dérive toujours du fait de l'homme, c'est-à-dire de la volonté du propriétaire ; mais la manifestation de cette volonté est, suivant les circonstances, différente. Dans le premier cas, la volonté est certaine, formellement déclarée : on peut donc l'appliquer à toutes les servitudes, qu'elles soient continues ou discontinues, apparentes ou non apparentes. Il n'en est pas ainsi de la prescription, ni surtout de la destination du père de famille, qui ne peuvent, sauf ce que nous dirons lorsque nous traiterons du troisième de ces modes de constitution, s'appliquer qu'aux servitudes continues et apparentes. Dans ces deux derniers cas, en effet, la volonté n'est point formelle et exprimée comme dans le premier ; tout au contraire, elle n'est la plupart du temps que tacite ou présumée, et il fallait se garder d'aller trop loin et de donner des suites trop graves à des faits qui souvent ne sont que de pure tolérance.

Nous allons passer en revue successivement chacun des trois modes d'établissement, en commençant par les titres qui s'appliquent à toutes les servitudes.

SECTION PREMIÈRE.

ÉTABLISSEMENT PAR TITRE.

Le mot *titre*, dans le langage juridique, a différents sens : il signifie soit un écrit destiné à faire preuve, en justice, d'un événement générateur ou extinctif d'un droit, et qui, en droit romain, se nommait *instrumentum*; soit la cause efficiente, le principe générateur d'un droit. Lequel de ces deux sens le législateur, dans l'art. 691, a-t-il voulu employer lorsqu'il nous dit, art. 690: « Les servitudes continues et apparentes s'acquièrent par titre, etc. ; » art. 691 : « Les servitudes continues non apparentes, etc., ne peuvent s'établir que par titre, etc. ? » Nous croyons que c'est le second. Les servitudes, en effet, sont un démembrement de la propriété des immeubles; pourquoi ne seraient-elles pas régies, en ce qui concerne leur établissement, par le droit commun ? Elles pourront donc être constituées verbalement par tous les modes d'aliénation où la loi n'exige pas un acte écrit, par exemple : par vente, échange, transaction, etc. Il est vrai qu'à défaut d'écrits, la preuve de la convention constitutive sera plus difficile ; il pourra arriver qu'elle sera impossible (art. 1341, 1353), mais cette difficulté de la preuve ne doit pas nous arrêter, et il suffit que la chose soit possible théoriquement.

Cette preuve pourra donc, suivant les cas, résulter soit de l'aveu de la partie, de l'interrogatoire sur les faits et articles, de la délation du serment, ou même du témoignage dans les circonstances où il est permis. C'est ainsi qu'il a été jugé, dans ce sens, que l'art. 690 C. civ. n'exclut pas la preuve par témoins de l'établissement, par commun accord, de servitudes continues et apparentes, s'il existe un commencement de preuve par écrit (Paris, 14 janv. 1845, Huet contre Joly).

Et ce que nous disons des art. 690 et 691, nous pensons qu'il faut l'appliquer à l'art. 695, aux termes duquel le titre constitutif ne peut être remplacé que par *un acte récognitif émané du propriétaire du fonds asservi.* Il ne faut pas ici considérer seulement la lettre de l'article ; il faut encore, et surtout, rechercher ce qu'a voulu dire le législateur. Or, nous le répétons, la pensée des rédacteurs de notre Code a été la suivante : les servitudes doivent, en général, être prouvées par écrit ; mais les autres moyens de preuve admis par les lois françaises ne sont pas prohibés.

Par suite des considérations que nous venons d'exposer, il nous paraît impossible de déclarer nul, comme on le faisait autrefois, l'acte qui, constituant une servitude, n'en contient pas une description complète et détaillée. Si quelque pro-

cès, dans le silence du titre, s'élevait sur le droit de
chacun, les juges auraient principalement à rechercher l'intention des parties. « Ainsi, dit Basnage (1),
» si le passage a été stipulé et consenti sans marquer
» l'heure où l'on pourra passer, il semble qu'on n'en
» doit user qu'aux heures convenables, *congruis*
» *horis*, n'étant pas juste qu'une cour ou une maison
» demeure ouverte à toutes les heures de la nuit, et
» que ceux qui l'habitent soient exposés à la merci
» des voleurs et des assassins, et autres gens de
» mauvaise vie. »

« ..... Nocte vagatur adulter. »

Dumoulin (2) nous donne la même règle.

Quoi qu'il en soit, on agira toujours sagement en
faisant connaître d'une façon complète la servitude et
en obéissant aux prescriptions de l'art. 227 de la
Coutume d'Orléans, article qui était ainsi conçu :
« Et les faut (les servitudes) nommément et spécia-
» lement déclarer pour l'endroit, grandeur, hau-
» teur, mesure que espère la servitude ; toutes con-
» stitutions générales de servitudes, sans les déclarer
» comme dessus, ne valent. » En suivant les sages
prescriptions de cet art. 227, on évitera bien des difficultés et des procès.

On peut donc acquérir ou consentir des servitudes
par toutes sortes d'actes à titre gratuit ou intéressé.
Les contrats au moyen desquels on les établit le

(1) Basnage, sur la cout. de Normandie, art. 607.
(2) Dumoulin, cout. de Paris, tit. *Des Prescriptions.*

plus fréquemment sont : la vente, l'échange, la
transaction et le partage. Mais le juge, contrairement à ce qui se passait en droit romain (1), ne
saurait en constituer. Son pouvoir se borne à déclarer l'existence des charges contestées. Les partages
sont souvent faits avec l'intervention des tribunaux.
Une servitude constituée dans ces circonstances est-
elle établie par jugement, ou bien par suite d'un
contrat? Malgré les controverses qui se sont éle-
vées à ce sujet, nous n'hésiterons pas à répondre que
la servitude résulte d'un véritable contrat. Décider
autrement ce serait, d'abord, dénaturer le sens de cette
rubrique que nous trouvons dans la loi, appliquée à
la matière qui nous occupe : « Des servitudes établies par le fait de l'homme ; » rubrique où la loi vise
bien un acte de la libre volonté des parties. En outre,
l'art. 686 ne s'exprime-t-il pas dans les termes suivants : « Il est permis aux propriétaires d'établir sur
» leurs propriétés, ou en faveur de leurs propriétés,
» telles servitudes que bon leur semble ? » Il ne prévoit donc pas un jugement. Nous le répétons, les
juges, aujourd'hui, ne doivent que juger, c'est-à-dire
non point créer des droits nouveaux, mais seulement
constater ceux qui existent. Si donc, dans un partage fait en justice, des servitudes réelles sont établies, elles le sont par les copartageants eux-mêmes,
en vertu d'un contrat ratifié, homologué, si l'on veut,
par le tribunal.

L'art. 695, que nous avons déjà cité, veut que le
titre constitutif ne puisse être remplacé que par un

_____

(1) Dig., L. 22, § 3, *De Fam. ercisc.*

acte émané du·propriétaire du fonds servant. Un acte venant de toute autre personne ne donnerait donc aucun titre à son possesseur. A cette règle, cependant. Pothier (*Traité des Obligations*, n° 740) admettait une exception, ainsi formulée : *in antiquis enuntiativa probant,* et de laquelle il résultait que, même pour les servitudes qui n'étaient pas susceptibles d'être acquises par prescription, une longue possession, constatée par des titres anciens, valait un titre accordé par le propriétaire lui-même. Cette exception ne saurait être admise à notre époque : les termes des art. 691 et 695 sont trop formels pour qu'on puisse l'accepter ; elle est d'ailleurs aujourd'hui presque universellement rejetée.

On ne saurait donner les effets et la qualité d'un titre à l'acte par lequel deux personnes qui contractent ensemble déclarent que l'héritage d'un tiers étranger au contrat est grevé de servitudes au profit du fonds de l'une d'elles. En effet, aux termes de l'article 1320, les énonciations d'un acte ne font preuve qu'entre les parties ou leurs héritiers, et l'on ne peut pas, a dit Pothier (*Introd. Cout. d'Orléans*, tit. XIII, § 12), se faire des titres à soi-même.

Mais de ce que nous venons de dire, on ne doit pas conclure qu'il faut que le propriétaire du fonds dominant soit partie dans l'acte par lequel le propriétaire du fonds servant reconnaît l'existence de la servitude. Les deux espèces sont loin d'être les mêmes. Cet acte, en effet, contient l'aveu, de la part du propriétaire du fonds servant, de l'existence de la servitude ; or nous avons vu que la preuve peut résulter de l'aveu de celui qui doit la servitude ; et l'aveu n'a pas besoin d'être accepté, car il n'est que la déclaration d'un fait, et qu'en définitive c'est un acte conservatoire de son droit que le créancier est toujours censé avoir accepté d'avance.

Puisque les énonciations contenues dans un titre, si anciennes qu'elles soient, n'emportent pas, à l'égard des tiers, constitution de servitude, il est bien évident que la simple énonciation d'un droit de servitude faite dans un jugement rendu par adjudication sur expropriation forcée, servitude qui serait dite exister au profit du fonds adjugé sur le fonds d'un tiers, cette énonciation, dis-je, ne serait pas suffisante pour transmettre à l'acquéreur le droit de servitude, et ne saurait le dispenser de produire un titre constitutif ou récognitif. Aussi l'ancien art. 717 du Code de procédure disait-il que l'adjudication ne transmet le domaine à l'acquéreur qu'avec les droits qu'y avait le saisi.

Pourrait-on se prévaloir de l'irrégularité de forme d'un titre constitutif d'une servitude, suivi de la possession suffisante pour entraîner la prescription de trente ans ? Nous ne le pensons pas ; et, en effet, de deux choses l'une : ou la servitude est susceptible de s'acquérir par prescription, et alors la prescription sera le fondement du droit, ou elle ne peut pas être établie de cette façon, et l'on considérera la possession prolongée pendant si longtemps comme une ratification tacite. (Voir Pardessus, n° 269, t. II.)

Depuis la loi du 23 mars 1855, art. 2, le titre constitutif de la servitude doit être soumis à la transcription. Et il en est ainsi, que le titre soit gratuit ou qu'il soit ancien. Il est vrai que, sous l'art. 939 du Code civil, qui ne comprenait que la donation des biens susceptibles d'hypothèques, cette formalité n'était pas nécessaire.

Quelques auteurs cependant n'adoptent pas notre solution, et, invoquant cet art. 939, ils raisonnent ainsi : « L'art. 939 ne soumettait pas à la transcrip- » tion les donations de servitudes, puisqu'elles ne sont » pas susceptibles d'hypothèque. » D'autre part, l'ar- ticle 11 de la loi du 23 mars 1855 s'explique en ces termes : « Il n'est pas dérogé aux dispositions du Code » civil relatives à la transcription des actes portant » donation ou contenant des dispositions à charge de » rendre. » Donc l'art. 939 reste applicable, et son application n'embrasse pas les donations de servi- tudes. Ce système peut être facilement combattu ; l'art. 939, nous le reconnaissons parfaitement, ne com- prend pas les servitudes, et cet article reste applicable après la loi de 1855 comme avant. Mais sous l'em- pire du Code, les donations de servitudes étaient régies par le droit commun, et le droit commun était la non- transcription. Aujourd'hui et depuis la loi de 1855, le droit commun a changé et est devenu la transcrip- tion : donc les donations de servitudes doivent être transcrites (1).

Le texte de l'art. 2 de la loi du 23 mars 1855 est général ; il ne permet donc aucune distinction entre les servitudes continues et apparentes, qui se révèlent si bien d'elles-mêmes qu'aux termes de l'art. 1638

_____

(1) Troplong, *Comm. de la loi* 1855, n°˙ 111, 112 et 113.

leur existence ne donne lieu à aucun recours à garantie contre le vendeur qui ne les a pas déclarées,
et les servitudes discontinues et non apparentes.
Quelques auteurs regrettent cette absence de distinction et assurent que le législateur a, sur ce sujet,
laissé une lacune dans la loi. Nous ne pensons pas
comme eux, et nous ne pouvons que féliciter les rédacteurs de la loi de 1855 d'avoir reculé devant les
embarras de distinctions et de divisions qu'il était
impossible de formuler d'une manière nette et pré-
cise, et d'avoir ainsi empêché les nombreuses difficultés qui n'auraient pas manqué de surgir à ce
sujet.

L'art. 3 de la loi du 23 mars 1855 est ainsi conçu :
« Jusqu'à la transcription, les droits résultant des
» actes et jugements énoncés aux articles précé-
» dents ne peuvent être opposés aux tiers qui ont
» des droits sur l'immeuble, et qui les ont con-
» servés en se conformant aux lois. » Avant la
promulgation de cet article, un acte constitutif de
servitude sous seing privé devait, pour pouvoir
être opposé au tiers détenteur de l'immeuble assujéti, avoir acquis date certaine par un des modes
énoncés dans l'art. 1328. Depuis cette loi de 1855,
tout acte entre-vifs constitutif de servitude devant
être transcrit, c'est à partir de la transcription que
les actes dont nous parlons seront opposables aux
tiers. Ainsi, supposons qu'un propriétaire a, par acte
sous seing privé, constitué une servitude de pacage
sur son champ à un propriétaire voisin; la clause que
le maître du fonds dominant aura le droit exclusif de

8

faire paître son troupeau sur le fonds servant a été insérée dans l'acte. L'acquéreur de la servitude fait enregistrer l'acte, puis le maître du fonds servant concède la même servitude au profit d'un autre fonds voisin, dont le propriétaire fait aussitôt transcrire l'acte constitutif, que nous supposons sous seing privé. C'est à ce dernier que restera la servitude, parce qu'il a fait transcrire son titre le premier, et que le titre du premier acquéreur, n'ayant pas été transcrit, ne lui est pas opposable.

Les servitudes peuvent être modifiées, étendues ou restreintes au gré des parties, et leur volonté n'a d'autres limites que l'ordre public; la servitude pourrait donc être constituée à terme ou sous condition. A Rome, pour maintenir ces servitudes, on avait recours à l'exception de pacte ou de dol, quand la servitude était constituée *sub conditione* par des modes n'admettant pas la condition suspensive; mais ces sortes de détours, nés du formalisme romain, ne sont plus usités dans notre Code, et ils ne sont pas nécessaires pour donner leur effet aux conventions des parties, qui n'ont d'autres limites que celles imposées par la loi.

SECTION II.

ÉTABLISSEMENT PAR PRESCRIPTION.

L'établissement des servitudes par la prescription a toujours été, si haut que l'on remonte dans l'étude du droit, environné d'une foule de controverses et

d'obscurités. Laissant de côté le droit romain que
nous avons étudié dans la première partie de notre
thèse, nous voyons notre ancien droit présenter sur
notre sujet des diversités infinies. Les pays de droit
écrit tendaient en général à admettre la prescription
des servitudes. Mais le temps nécessaire pour arriver
à cette prescription était loin d'être le même dans
tous les parlements, et l'on variait généralement
entre la possession de dix à vingt ans et la possession
immémoriale (c'est-à-dire celle dont aucun homme
vivant n'a vu le commencement). Les pays de coutume admettaient, au contraire, en général, la règle
contraire, et Ferrière a pu dire : « Il n'y a qu'en pays
» de droit écrit que l'on puisse acquérir les servitudes
» par une longue possession. » Cette règle cependant
ne devrait pas être prise à la lettre, car, si plusieurs
coutumes rejetaient la prescription comme moyen
d'acquérir la servitude, conformément à la règle
admise dans un grand nombre de provinces, « *nulle
servitude sans titre*, » d'autres, et en assez grand
nombre, suivaient le système opposé. C'est ainsi que
Pothier (art. 225, Cout. d'Orléans) incline à admettre
la possession centenaire; la Coutume de Lorraine,
tit. xiv, art. 4, admettait la prescription pour certaines servitudes, et la rejetait pour d'autres. Les
Coutumes de Douai (chap. XIX, art. 2), d'Artois
(art. 72), suivaient les principes des pays de droit
écrit; il en était de même de la Coutume de Bre-
tagne, mais elle exigeait une possession de quarante ans.

Les rédacteurs du Code ont voulu mettre fin à ce

véritable chaos. Pour atteindre leur but, ils ont divisé les servitudes en continues et apparentes, et en discontinues et non apparentes. Les premières peuvent s'acquérir par la prescription ; mais il n'en est pas ainsi pour les autres. Et, en effet, « des actes » journaliers et patents, exercés pendant un certain » temps sans réclamation, ont un caractère propre à » faire présumer le consentement du propriétaire » voisin ; le titre même a pu se perdre, mais la pos- » session reste, et ses effets ne sauraient être écartés » sans injustice. Mais, pour les seconds, rien n'as- » sure, rien ne peut faire légalement présumer que » le propriétaire voisin ait eu une suffisante connais- » sance d'actes souvent fort équivoques, et dont la » preuve ne peut être admise. » (Exposé des motifs de la loi relative aux servitudes, par le conseiller d'État Berlier.) Ajoutons qu'on peut facilement penser que le propriétaire, en laissant exercer ces dernières servitudes, qui, la plupart du temps, ne lui sont aucunement préjudiciables, a souvent entendu faire un simple acte de tolérance.

La preuve de la possession sera donc recevable dans la première espèce ; mais nulle preuve de possession, même immémoriale, ne sera admise dans la seconde. Toutefois le principe que les lois n'ont pas d'effet rétroactif reçoit ici son application ; les prescriptions qui, sous l'empire du Code, ne seraient pas possibles, mais qui, avant sa promulgation, se sont accomplies dans les pays où elles étaient admises, sont maintenues et respectées (art. 691, *in fine*).

On sera souvent fort embarrassé de distinguer si

le droit qui a été exercé constitue une servitude ou
un droit de propriété indivise, lorsqu'il y a eu des
ouvrages construits et incorporés dans le fonds voisin.

Prenons une hypothèse. Paul possède sur son
fonds une source depuis plus de trente ans ; son voisin Pierre vient journellement puiser de l'eau à cette
source. Un beau jour, Paul, lassé de cet état de chose,
intime à Pierre la défense de continuer à puiser de
l'eau, alléguant que c'est par sa tolérance que, jusqu'à
ce jour, il a pu user de ladite source, et qu'il n'a pu
acquérir par prescription une servitude discontinue.
Pierre répond qu'il a prescrit la propriété, et que,
par conséquent, loin d'exercer une servitude, il est
copropriétaire de la source.

Cette prétention devra-t-elle être admise ? Nous
ne le pensons pas, et nous croyons qu'une pareille
possession sera, en général, considérée comme impuissante à engendrer un droit quelconque de propriété ou de servitude. D'abord, il faut reconnaître
que la décision contraire serait bien dure. Comment !
je tolère , par pure complaisance, pour faire acte de
bon voisinage, et parce que je sais que la loi me met
à l'abri de toute prescription, je tolère, dis-je, le
puisage que vous exercez chaque jour chez moi, ce
qui en définitive me gêne ; et, par suite de ma complaisance et de mon bon vouloir, je me verrais exposé
à perdre une part indivise dans ma propriété, alors
que je pensais être à l'abri même de toute servitude !
Cela n'est pas possible, et la décision contraire n'aurait pour effet que d'empêcher les propriétaires voisins de se rendre aucune espèce de service. Cette

décision était celle de l'ancien droit. Dans les communes où aucune servitude ne pouvait s'acquérir par prescription, le maître d'un bâtiment ne devait pas être présumé propriétaire de la bande de terrain qu'il est d'usage de laisser au-delà de son mur, entre l'égout du toit et le fonds du voisin, de telle façon que, sous l'apparence d'un droit de propriété, il pût être acquis par prescription un véritable droit de servitude. « *Il fallait qu'on eût fait quelque structure destinée expressément pour faire fluer les eaux, laquelle structure fût incorporée en l'héritage du voisin en reposant et portant sur icelluy.....*» (Coquille, chap. X, art. 2, Cout. de Normandie).

Un autre motif qui nous fait rejeter l'opinion contraire à celle que nous émettons, c'est que, dans notre hypothèse de copropriété, le propriétaire n'a pas cessé de jouir de sa chose et de la posséder : il n'y a donc pas eu possession exclusive de celui qui prétend avoir prescrit, et la prescription ne peut naître.

D'ailleurs, de deux choses l'une : ou le propriétaire de la source a un titre qui prouve sa propriété exclusive, et alors il faudra presque toujours admettre qu'en laissant prendre de l'eau à son voisin il a usé de tolérance ; ou il n'a pas de titre, et c'est alors aux juges d'interpréter les circonstances, et de se décider d'après les faits de la cause.

La difficulté serait beaucoup moins grande s'il s'agissait d'un droit constituant une propriété souterraine ou superficiaire *exclusive :* ce caractère de possession exclusive démontrerait évidemment qu'il s'agit d'une prescription acquisitive de propriété.

Et, en effet, la servitude est une chose incorporelle, une charge qui n'est immeuble que par l'objet auquel elle s'applique, tandis que la propriété d'un héritage est une chose corporelle et immeuble par sa nature. Aussi la disposition des Coutumes qui déclaraient toutes les servitudes imprescriptibles ne s'appliquait pas à la propriété souterraine et superficiaire ; et Bourjon pouvait dire (*Droit commun de la France*, tit. 1er, *Des Servitudes*, sect. III, n° 24) : « Quoique les
» servitudes ne puissent s'acquérir sans titre, néan-
» moins, s'il y a incorporation, inédification dans
» l'héritage voisin, la prescription de trente années
» entre nos priviléges vaut titre. Cette exception à la
» règle est fondée sur ce qu'en ce cas, c'est plutôt
» propriété que servitude ; et de là il suit que celui
» qui a joui pendant trente années d'une cave sous
» le terrain de son voisin a acquis la prescription de
» cette cave. »

Bourjon suppose, bien entendu, une possession exempte de clandestinité.

Il ne saurait entrer dans notre programme d'exercer et de développer les règles du droit civil relatives à la prescription. Nous nous contenterons de faire observer que la possession doit réunir toutes les conditions requises par l'art. 2229 dans toute possession, afin de pouvoir arriver à la prescription. Elle doit donc être continue, non interrompue, paisible, publique, non équivoque, à titre de propriétaire. Les art. 2251, 1561, 709, 710, lui seront également applicables.

Il n'est cependant pas nécessaire d'être proprié-

taire du fonds dominant pour pouvoir proscrire. Le
fermier, le locataire, contrairement à ce que nous
avons dit pour l'acquisition de la servitude par titre, le
possesseur de mauvaise foi, peuvent fort bien acquérir une servitude par prescription. Et, en effet, c'est
moins la personne que le fonds lui-même qui acquiert.
Ces principes reposent sur l'art. 2228, qui décide :
« La possession est la détention ou la jouissance
» d'une chose ou d'un droit que nous tenons ou que
» nous exerçons par nous-mêmes, ou par *un autre*
» *qui la tient ou qui l'exerce en notre nom.* »

La possession, avons-nous dit, ne doit pas non
plus être précaire ou à titre de tolérance. La Coutume
d'Orléans, art. 251, nous donne un exemple de possession précaire : « Si, par les héritages qui sont
» situés sur et à l'endroit des chemins empirés et
» mauvais on passe et repasse, cela n'attribue aucun
» droit de chemin ou voie publique pour lesdits héri-
» tages par quelque temps que ce soit (1). » La difficulté la plus sérieuse qui se présente sur cette matière
est de distinguer quand l'exercice a eu lieu par droit
ou à titre de familiarité ; c'est aux magistrats à appré-
cier les circonstances propres à fixer le caractère des
faits de possession. Ils doivent prendre pour règle
que la familiarité ne se présume pas ; que, par suite,
il suffit qu'il y ait quelque cause apparente, quelque
conjecture probable qu'on a usé par droit et non par
familiarité ou tolérance, pour que la présomption en

(1) La servitude de passage est une servitude discontinue. Elle
ne pourrait donc de toutes façons dans notre droit être acquise
par prescription.

faveur du droit l'emporte (Pardessus, tit. II, n° 282).

Lorsque celui qui exerce une servitude continue et apparente sur le fonds de son voisin a reconnu par un écrit que sa possession n'est que de simple tolérance, cette reconnaissance forme-t-elle un obstacle perpétuel à la prescription acquisitive? Il faut, croyons-nous, distinguer deux cas : celui où l'acte est opposé au signataire ou à ses héritiers et successeurs universels; celui où il est opposé à un successeur à titre singulier.

Premier cas. *L'écrit est opposé au signataire ou à ses héritiers ou successeurs universels.* — Quelques auteurs, invoquant l'art. 2220, qui déclare nulle la renonciation au droit de prescrire, décident que cet écrit est sans force aucune, et qu'après trente ans de silence de la part de la personne en faveur de laquelle le titre a été consenti, la prescription est acquise. Nous ne saurions adopter cette doctrine. C'est à tort, en effet, qu'on invoque ici l'art. 2220, qui ne prohibe et n'avait à prohiber que la renonciation au droit de prescrire : or l'acte dont il s'agit contient tout autre chose qu'une renonciation. Lorsque vous venez me demander la permission d'exercer une servitude et que je vous l'accorde, n'est-il pas clair que cette servitude sera exercée par vous non pas *animo domini* et *jure proprio*, mais bien *jure alieno*; que vous ne l'aurez pas comme chose à vous propre et venant de vous, mais au contraire, et précisément, par suite de la concession que je vous ai faite? Or, puisque vous ne possédez qu'en qualité de concessionnaire, qualité révocable à toujours, votre possession n'est

donc que précaire et ne peut vous conduire à la prescription. Et qu'on ne nous dise pas qu'il faut considérer si la concession est gratuite ou salariée!
Selon que vous payerez ou ne payerez pas l'avantage
que je vous procure, vous serez locataire ou simple
donataire, mais rien de plus. Et d'ailleurs, la règle
de nos adversaires, si elle était admise, ne serait-
elle pas désastreuse? Quelle gêne, quelles entraves,
quelle rigueur elle apporterait dans les relations de
voisinage. Prenons un exemple : Vous construisez
contre mon terrain des fenêtres qui ne me gênent
pas pour le moment : je serai donc disposé, si j'ai
le moyen d'empêcher l'établissement de la servitude et de me réserver de faire condamner vos jours
lorsque je le jugerai à propos, à vous laisser jouir
de ces jours pendant vingt, quarante, cinquante ans.
Mais si, au contraire, la prescription doit courir
malgré l'acte que je me ferai donner par vous, on
comprend très-bien que ma complaisance ne sera
plus la même, et que je me hâterai de faire fermer
les fenêtres que vous aurez pu ouvrir.

Second cas. *Acte opposé à un successeur à titre
particulier.*—La solution, dans ce cas, est beaucoup
plus facile ; et, en effet, ou l'acquéreur a possédé
trente ans depuis son acquisition la servitude continue et apparente, et alors il l'a acquise par sa propre
possession, ou bien il est obligé de joindre à sa possession celle de son auteur pour compléter les trente
ans, et alors on peut lui opposer les mêmes moyens
qu'on ferait valoir contre son auteur.

Pour qu'une servitude puisse être acquise par pres-

cription, il faut encore qu'il s'agisse soit de propriétaires, soit d'héritages à l'égard desquels la prescription puisse courir. Nous disons donc, par arguments
tirés des art. 709 et 710, relatifs à la prescription ex-
tinctive des servitudes (le principe sur lequel repose
ces articles, l'indivisibilité de la servitude, exige en
effet que l'application en soit faite au cas d'indivision
du fonds que l'on prétend grever d'une servitude par
prescription) : 1° que si l'héritage sur lequel on prétend
acquérir une servitude par prescription appartient à
plusieurs propriétaires par indivis, l'interruption de
la prescription par l'un d'eux devra profiter à tous les
autres ; 2° que si, parmi les copropriétaires, il s'en
trouve un contre lequel la prescription n'a pu courir,
par exemple un mineur, cette suspension aura également lieu au profit de tous les autres.

Une question plus délicate est celle de savoir si la
suspension résultant de la minorité d'un des copropriétaires pourra encore être invoquée par le copropriétaire majeur, après le partage qui lui aura
attribué l'immeuble en entier.

Voici l'espèce : Pierre et Paul possèdent tous
les deux un immeuble ; Paul est mineur, et Pierre
majeur. Jacques, propriétaire d'un immeuble voisin,
jouit depuis plus de trente ans d'une servitude
continue et apparente sur leur fonds commun. Sur-
vient le partage, et l'immeuble tombe dans le lot
de Pierre, qui veut empêcher Jacques d'exercer sa
servitude, prétendant qu'il n'a pu l'acquérir par
prescription, parce que cette prescription a été suspendue pendant la minorité de Paul. Jacques répond

que, d'après l'article 883, Pierre doit être considéré comme ayant toujours été propriétaire de l'immeuble ; qu'il est majeur ; que , par conséquent, la prescription a valablement couru contre lui.

La cour de cassation, dans deux arrêts consécutifs, l'un du 2 décembre 1845 , l'autre du 20 août 1853, a consacré le système soutenu par le plaideur que nous avons appelé Jacques, et nous croyons qu'en jugeant ainsi elle a appliqué les vrais principes.

En effet, l'art. 883 s'exprime ainsi : « Chaque co-» héritier est censé avoir succédé seul et immédia-» tement à tous les effets compris dans son lot ou à » lui échus sur licitation , et n'avoir jamais eu la » propriété des autres effets de la succession. » Quoi de plus simple et en même temps de plus formel que cet article ? Le mineur , par suite du partage qui attribue à son copropriétaire l'immeuble sur lequel repose la prescription , est censé n'avoir jamais eu la propriété. Il n'a donc pu interrompre la prescription, et la prétention du majeur Pierre doit être rejetée.

Nos adversaires insistent cependant et demandent ce que nous faisons dans notre système de l'article 710. Cet article , nous disent-ils, s'exprime en termes au moins aussi absolus que l'art. 883, et ne fait point d'exception pour le cas où, l'indivision venant à cesser, la copropriété de l'incapable se trouverait rétroactivement effacée. Et , en effet, l'exception eût détruit la règle. La maxime de l'art. 883 s'appliquant à toute espèce de partage, quelle qu'ait été la cause de l'indivision, si le partage attribue l'immeuble au copropriétaire mineur, celui-ci n'aura pas besoin de recourir à l'art. 710 : l'art. 2252 lui suffira. Si, au contraire, l'immeuble échoit au majeur, l'art. 710 ne sera pas applicable davantage, car, réputé seul propriétaire depuis le commencement de l'indivision, il ne pourra pas invoquer cet article.

Nous répondrons que l'art. 883 et l'art. 710 sont loin de prévoir le même fait ; l'art. 710 statue pour le cas d'une copropriété permanente, et non pour celui d'une simple indivision transitoire qui a cessé, cas que prévoit au contraire l'art. 883, qui est fait uniquement pour régler les effets d'un partage dont l'art. 710 ne pouvait ni ne devait s'occuper. Enfin, pour clore la discussion, nous citerons les paroles suivantes de M. Marcadé, qui peuvent très-bien s'appliquer à la matière qui nous occupe : « Que si le bien appartenant en commun à un majeur et à un mineur, et pour lequel, dès lors, la prescription court contre l'un et est suspendue pour l'autre, devient, par l'effet du partage, la propriété exclusive de ce majeur, la prescription se trouve avoir utilement couru pour la totalité de l'immeuble, puisque, par l'effet rétroactif que l'art. 883 donne aux partages, c'est le majeur qui se trouve avoir été *ab initio* le propriétaire unique de l'immeuble. C'est donc avec raison qu'un arrêt d'Amiens, de 1840, qui avait jugé le contraire, a été cassé en 1845, par arrêt de la cour suprême, pour violation de cet article 883 ; et si un récent arrêt, par lequel la cour de Nancy reproduit la doctrine de la cour d'Amiens, a été frappé de pourvoi, il ne saurait manquer d'être également cassé (1). » (Marcadé, *Traité de la Prescription*, art. 2252, n° 1.)

On s'est demandé si la bonne foi, jointe à un titre émané de celui qui n'était pas propriétaire, permet d'acquérir, par la possession de dix ou vingt ans, conformément à l'art. 2205, les servitudes continues et apparentes. MM. Troplong, Duranton, Delvincourt, etc., soutiennent que l'art. 2265 est applicable à ces servitudes et qu'elles peuvent être proscrites par dix ou vingt ans. Elles sont, en effet, disent ces auteurs, immeubles ; elles ont une analogie parfaite avec l'usufruit ; dès lors, pourquoi ne pas leur appliquer, comme à celui-ci, l'art. 2265 ? L'art. 690, qui les déclare prescriptibles par la possession de trente ans, fait-il obstacle à cette décision ? Nullement ; il est, dans ses termes, conçu d'une façon générale ; et, d'ailleurs, il suppose que la possession est séparée du titre. Nous ne saurions adopter l'opinion de ces auteurs, et nous pensons que l'opinion contraire doit triompher. En effet, ainsi que le dit Marcadé, lorsque le Code, dans deux articles consécutifs, explique nettement que telles servitudes ne s'acquièrent que *par titre*, et que les autres pourront s'acquérir soit *par titre*, soit par la *possession de trente ans*, on ne peut pas soutenir que les servitudes ne sont pas mises dans une classe à part et que notre prescription de dix à vingt ans leur est applicable. Si telle avait été la pensée du législateur, il est clair qu'il aurait dit par *titre* ou par *prescription*, par *titre* ou par *possession*, mais non pas par la *possession de*

(1) Cet arrêt a effectivement été cassé le 29 août 1853.

trente ans. Ce système, d'ailleurs, est celui de la juris-prudence, et de nombreux arrêts de la cour de cassation sont venus le consacrer.

L'art. 690 ne détermine point à quelle époque les trente ans commencent à courir. Nous déciderons, par analogie de l'art. 642, que c'est du jour où les ouvrages qui donnent à la servitude le caractère d'apparence et de continuité ont été achevés et en ont commencé l'usage. Il est, du reste, indifférent que les travaux dont il s'agit aient été établis sur l'héritage servant ou sur l'héritage dominant (1), qu'ils l'aient été par le propriétaire de ce dernier héritage ou par un tiers, et que celui-ci ait eu ou non l'intention d'agir dans l'intérêt de l'héritage dominant.

Les servitudes continues et apparentes, qui peuvent être établies par la prescription, peuvent être aug-mentées ou diminuées par le même moyen (708, *arg. d'anal.*). Cela serait vrai, même pour une mo-dification apportée à la servitude au-delà du titre constitutif, si ce titre existe ; car, si l'on ne peut pres-crire contre son titre, on peut prescrire au-delà de son titre.

Faut-il faire une exception au principe posé par l'art. 691, pour le cas où une servitude discontinue s'annonce par des ouvrages extérieurs ? L'ancienne jurisprudence répondait en général affirmativement à cette question ; aujourd'hui, en face du texte précis et formel de notre art. 691, nous ne croyons pas

_____

(1) Voir cependant Vazeille, *Des Prescriptions*, n° 402; Duran-ton, V, 181 ; Proudhon, *Du Domaine public.*

que cette exception puisse être adoptée. Quel est le motif de cette décision? Nous l'avons déjà donné : c'est que cette possession est réputée précaire, parce que son exercice est le résultat de la tolérance, et qu'aux termes des art. 2229 et 2232, la possession précaire, celle qui est fondée sur la simple tolérance, est impuissante à conduire à la prescription.

Mais si la précarité est purgée, la prescription deviendra-t-elle possible? Quelques auteurs ont répondu affirmativement dans les trois hypothèses suivantes :

1° Le propriétaire du fonds dominant a acquis de bonne foi, et en vertu d'un juste titre, la servitude *a non domino;*

2° Le propriétaire du fonds dominant a fait contradiction contre le droit du propriétaire du fonds assujéti;

3° Le propriétaire du fonds dominant invoque tout à la fois un titre émané *a non domino,* et une contradiction opposée au droit du propriétaire du fonds assujéti.

Nous n'adopterons pas cette solution. D'abord, l'art. 691 ne comporte pas ces exceptions. Cet article, en effet, nous dit que les servitudes discontinues apparentes ne peuvent s'acquérir que par titre, c'est-à-dire par un titre émanant du véritable propriétaire. Un titre émané *a non domino* ne suffirait donc pas, car la personne qui possède un tel titre n'acquiert pas évidemment par la force du titre, mais par la prescription. Et cela est tellement évident, que, pour les choses qui peuvent être prescrites, le titre,

même avec bonne foi, sans la possession de dix à
vingt ans, serait insignifiant. Si donc un titre émané
d'une personne non propriétaire ne suffit pas, la
contradiction opposée au droit du propriétaire du
fonds prétendu assujéti ne suffit pas non plus, et
la réunion de ce titre imparfait et de cette contradiction n'est pas suffisante davantage.

Et qu'on ne vienne pas invoquer les traditions de
l'ancien droit : elles n'ont aucune force dans la circonstance. Nous ne nous occuperons pas de la doctrine
des pays de droit écrit, puisque la prescription des servitudes y était en général admise sans distinction, tan-
disque le Code distingue. Quant aux pays de coutumes,
qui en général rejetaient la prescription des servitudes
sans titre, si quelques-unes l'admettaient, soit avec un
titre émané *a non domino*, soit à l'aide d'une contradiction faite contre le droit du propriétaire du fonds assujéti, soit à l'aide de ces deux moyens réunis, l'art. 691
a eu pour but de faire cesser toutes ces divergences.

Et d'ailleurs, dans les trois hypothèses que nous
examinons, il n'est pas exact de dire que le vice de
précarité disparaît. Passons-les successivement en
revue. — Dans la première, le propriétaire du fonds
prétendu dominant est de bonne foi ; il a un juste
titre, mais ce titre est émané *a non domino*. Eh bien !
la possession est précaire, car elle n'est qu'un simple
acte de tolérance de la part du propriétaire du fonds
servant. — Dans la deuxième, ce propriétaire a fait
contradiction au droit du propriétaire du fonds assujéti. Ici encore, la possession n'est que précaire, car
l'art. 691 exige un titre, et il n'y en a pas. — Enfin

9

dans la troisième, il y a eu tout à la fois, chez le propriétaire du fonds dominant, existence d'un titre *a non domino* et contradiction opposée au droit du propriétaire du fonds asservi. Nous ferons encore la même réponse que précédemment ; l'art. 691 exige en effet, pour l'acquisition des servitudes discontinues ou non, un titre émané du véritable propriétaire : une possession même centenaire ne suffirait donc pas ; et il en est de même d'une contradiction au droit du propriétaire, et d'un titre émané *a non domino*.

Dans aucun cas donc les servitudes discontinues, apparentes ou non apparentes, ne pourront s'acquérir par la prescription.

Si la possession ne peut établir une servitude continue non apparente ou une servitude discontinue apparente ou non apparente, elle ne peut, à plus forte raison, aggraver, ni diminuer, ni modifier celles qui auraient été créées en vertu d'un titre.

Faut-il pousser jusqu'à l'extrême la rigueur de ces principes, et que déciderait-on dans l'hypothèse suivante ? Le titre constitutif désigne clairement l'endroit par lequel un droit de passage doit s'exercer, et cependant, pendant trente ans, la personne à qui appartient ce titre a passé dans un autre lieu. Prenons un exemple : Pierre a acquis par titre un droit de puisage à la mare *A*, qui appartient à Paul. D'après ce titre, son droit est bien exact, bien déterminé ; cependant, pendant trente ans, Pierre a puisé à la mare *B*, qui appartient au même Paul. Que déciderons-nous ?

Les vrais principes nous forcent de reconnaître
que ce qui a été fait est autre chose que ce qu'on
avait le droit de faire, et que la servitude qu'on avait
est éteinte par le non-usage, tandis que celle qu'on
a exercée à sa place n'est pas acquise, puisqu'on ne
peut acquérir par prescription les servitudes non continues.

Il y a entre la prescription des servitudes et les
actions possessoires dont elles peuvent être l'objet, de
telles affinités, que nous devons dire quelques mots
de ces dernières.

Deux actions possessoires ont rapport aux droits
de servitude; ce sont : l'action *confessoire*, par laquelle celui à qui appartient un droit de servitude
sur quelque héritage conclut contre celui qui le
trouble dans l'usage de cette servitude à ce que
l'héritage soit déclaré sujet à ce droit de servitude,
et qu'il soit fait défense au défendeur de l'y troubler;
l'action *négatoire*, par laquelle le propriétaire d'un
héritage conclut contre celui qui s'y attribue sans
droit quelque servitude à ce que son héritage soit
déclaré franc de cette servitude, et qu'il soit fait
défense au défendeur d'en user. (Pothier, Introd. au
tit. XIII, Cout. d'Orléans, § 11.)

Pour donner droit aux actions possessoires, la
possession doit être non précaire.

Les servitudes continues et apparentes peuvent
donner lieu aux actions possessoires; cela est évident
et ressort de ce que nous avons déjà dit. Mais en est-
il ainsi des servitudes discontinues apparentes ou
non apparentes? nous ne le pensons pas. La posses-

sion de ces servitudes, impliquant une idée de tolérance de la part de celui qui les supporte, ne peut
donner lieu à aucune action en faveur de celui qui les
exerce. Mais il en serait autrement s'il existait un titre
à l'appui de la possession de ces servitudes, possession qui, dans ce cas, serait utile non pour arriver à
l'acquisition des servitudes, mais pour empêcher
l'extinction par le non-usage. Que décider si le titre,
au lieu d'émaner du propriétaire, a été donné *a non
domino?* Nous pensons que, dans ce cas, la possession annale doit être admise au profit de celui qui a
exercé la servitude.

« La possession annale, avec la complainte qui l'ac-
» compagne, est souvent une première étape pour
» arriver à la propriété, mais elle est aussi quelque-
» fois un moyen de la conserver. Le titre colore la
» possession, mais la possession fait aussi présumer
» l'efficacité du titre. Ils se prêtent un mutuel appui
» jusqu'au moment où, dans l'instance pétitoire, le
» titre montrera son origine vicieuse : nous n'exige-
» rions pas la bonne foi dans la possession, mais
» bien dans le titre, c'est-à-dire qu'il faut que le titre
» soit sérieux et qu'il émane du propriétaire apparent
» du fonds servant. La Cour de cassation a jugé avec
» raison qu'il n'y avait pas un titre propre à colorer
» la possession d'une servitude discontinue dans un
» acte de vente consenti par le propriétaire du fonds
» dominant, lequel contenait l'énonciation de l'exis-
» tence de la servitude (1). »

Il y a des servitudes qui, au point de vue de la pos-

(1) Bourbeau, *Traité de la justice de paix,* n° 373.

session, peuvent être placées dans une catégorie spéciale : ce sont des servitudes non apparentes, que l'on
peut appeler négatives parce qu'elles consistent à ne
pas faire, comme celles qui interdiraient de bâtir ou
de planter. Lorsque l'interdiction résulte d'une convention, bien que la possession du fonds dans l'intérêt
duquel l'interdiction a été stipulée paraisse, au premier abord, insuffisante pour se dire en possession
du droit que l'autre propriétaire aurait violé en faisant
ce que la convention lui défend, nous pensons que la
soumission du propriétaire voisin, et pendant une
année au moins, à la clause du titre prohibitif, constituerait une possession inactive, il est vrai, mais
corrélative à la nature du droit possédé. Si ce propriétaire prétend que son abstention n'est que la conséquence de son droit de propriété, on lui présentera
le titre pour démontrer qu'il n'a pas usé d'une faculté,
mais qu'il a obéi à la convention : le titre sert donc à
interpréter les faits en montrant que l'abstention de
l'un était une possession pour l'autre, parce que cette
abstention n'était pas facultative mais forcée (1).

Lorsqu'il s'agit de servitudes naturelles ou légales,
on peut, sans distinguer si elles sont ou non continues et apparentes, avoir recours aux actions possessoires.

La complainte, en matière de servitudes, n'est d'ailleurs recevable, suivant le droit commun, qu'autant
que celui qui la forme est en possession depuis une
année au moins. Il en est de même de l'action de
celui qui prétend que l'exercice d'une servitude porte

(1) Conf. Bourbeau, n° 375, *Traité des justices de paix.*

atteinte à la liberté de son fonds ; et, quant à lui, sa complainte sera toujours recevable , que la servitude soit continue ou discontinue, apparente ou non, peu importe ; car il ne veut rien acquérir : il se borne à réclamer la liberté de son fonds, se plaignant de faits commis pendant l'année au préjudice de cette liberté.

A côté de la complainte se place la réintégrande. Dirons-nous que cette dernière action, qui suppose la détention de la chose, peut être invoquée en notre matière ? cela nous semble bien difficile, car si, à propos d'une servitude, on comprend très-bien le trouble, il est beaucoup moins facile de concevoir l'expulsion. Les servitudes ne peuvent être matériellement appréhendées : elles doivent donc échapper à l'application de l'action en réintégrande. Cependant nous donnerions une solution contraire si l'on avait détruit des travaux ou ouvrages apparents effectués pour l'exercice de la servitude. Cette destruction constituerait une dépossession violente, et l'action en réintégrande serait permise.

Les servitudes , d'après les distinctions que nous venons de faire, peuvent donc être l'objet d'actions possessoires ; elles peuvent également donner lieu à des actions pétitoires. Elles sont alors soumises aux règles du droit commun.

Il s'est élevé à ce sujet une question fort intéressante et qu'il nous semble utile de rappeler ici :

Un propriétaire sur le fonds duquel un voisin exerce une servitude, et qui intente l'action pétitoire négatoire, doit-il prouver que son héritage est franc de servitudes ? est-ce au contraire au défendeur à prouver l'existence de cette charge ?

Cette question, dès les temps les plus reculés, donnait lieu aux plus vives controverses ; la grande majorité des auteurs, et avec elle la jurisprudence, soutenait que c'était au défendeur à prouver l'existence de la servitude, *quia possessio*, disait Dumoulin, *non relevat ab onere probandi in servitute reali.* Cependant quelques jurisconsultes soutenaient la doctrine opposée, et invoquaient en faveur de leur opinion un texte d'Ulpien (L. 8, § 3, Dig., *Si servit. vind.*) ainsi conçu: « *Sed si quæritur quis possessoris, quis petitoris, partes sustineat, sciendum est, possessoris partes sustinere, si quidem tigna immissa sint, eum qui servitutem sibi deberi ait; si vero non sunt immissa, eum qui negat.* » De ce texte il paraît bien résulter que s'il y a possession, le jurisconsulte romain met la preuve à la charge de celui qui nie la servitude.

Pour nous, nous pensons que c'est au possesseur, quoique maintenu au possessoire, de prouver au pétitoire que la servitude a été régulièrement acquise. En effet, l'état habituel et normal de la propriété c'est l'état de liberté, et il est de règle générale que quiconque revendique un état différent de cet état de liberté doit faire preuve de son droit. On objecte que la possession annale, qui fait présumer la propriété, doit faire présumer aussi l'existence de la servitude. Cette présomption est d'abord complétement fausse pour les servitudes discontinues, apparentes ou non apparentes, qui, nous l'avons déjà vu, ne peuvent pas s'acquérir par la possession ; mais elle n'est pas plus

exacte pour les autres, car elle n'est écrite nulle part;
et les présomptions, lorsqu'elles ne sont pas écrites
dans la loi, ne peuvent être suppléées (art. 1350).
Que prouve d'ailleurs la possession annale? la possession pendant une année, mais rien au delà, et ce
n'est pas assez pour équivaloir à l'acquisition légale
de la servitude. On nous demande à quoi servira au
défendeur, à l'action pétitoire, d'avoir été maintenu
par l'action possessoire? Le défendeur continuera
de posséder *pendente lite*, et les juges, s'il y a doute,
pour se décider, auront égard à sa possession. D'ailleurs, obliger le propriétaire qui réclame la liberté
de son héritage d'établir qu'il n'est grevé d'aucune
servitude serait lui demander, la plupart du temps,
un fait impossible, car ce serait le forcer de faire la
preuve d'un fait négatif (1).

SECTION III.

ÉTABLISSEMENT PAR DESTINATION DU PÈRE DE FAMILLE.

Le troisième mode d'établissement des servitudes
est l'établissement par destination du père de famille.
L'art. 692 s'exprime ainsi : « La destination du père
de famille vaut titre à l'égard des servitudes continues et apparentes. »

Les origines du sujet dont nous nous occupons
sont très-curieuses et dignes de toute notre attention.
A Rome, la destination du père de famille était, du
moins en principe, tout à fait prohibée. Sévères ob-

(1) Voir Bourbeau, *Traité de la justice de paix*, n° 441.

servateurs de la règle que toute servitude doit être
formellement stipulée, les Romains ne pouvaient admettre notre dernière proposition, qui, la plupart du
temps, repose sur des présomptions. Un texte de
Paul est formel à cet égard : « *Si quis œdes quœ suis
œdibus servirent, quum emisset, traditas sibi accepit,
confusa sublataque servitus est ; et si rursus vendere
vult, nominatim imponenda servitus est ; alioquin
liberœ veniunt* » (Paul, L. 30, § 1, Dig, *De Serv. prœd.
urban.*).

Cette doctrine rigoureuse du droit romain a été
condamnée par notre première législation nationale,
qui, sur cette matière, adopta la règle complétement
opposée. Et, en effet, lorsque le propriétaire d'une
maison possède également un terrain sur lequel
tombe, par exemple, l'égout du toit de cette maison,
n'est-il pas clair que, lorsqu'il vient à vendre sa
maison seule, il n'a pas besoin de spécifier expressément, dans le contrat, que l'égout sera conservé.
N'est-il pas plus conforme à l'intention des parties
qui ont gardé le silence de décider qu'elles ont entendu maintenir le *statu quo*, plutôt que de leur supposer la pensée secrète de vouloir innover et détruire
ce qui existe? Aussi l'art. 91 de l'ancienne Coutume
de Paris s'exprimait-il en ces termes : « Par ladite
coutume, disposition ou destination du père de famille vaut titre. » Et Dumoulin était complétement
du même avis, lui qui exigeait une *destinatio non
temporalis sed perpetua.*

Ce système, complétement contraire au droit romain, fut supprimé en 1580. A cette époque, on jugea

à propos de réformer la vieille Coutume de Paris, et
les réformateurs, imbus des doctrines de ce droit
ancien, remplacèrent l'art. 91 par un art. 215 ainsi
conçu : « Quand un père de famille met hors ses
» mains partie de sa maison, il doit spécialement dé-
» clarer |quelles servitudes il retient sur l'héritage
» qu'il met hors ses mains ou qu'il institue sur le
» sien. Il les faut nommément et spécialement dé-
» clarer, tant pour l'endroit, grandeur, hauteur, me-
» sure, qu'espèce de servitude; autrement toutes
» constitutions générales de servitudes, sans les dé-
» clarer comme dessus, ne valent. » Cet art. 215
était suivi de l'art. 216, dont les termes étaient les
suivants : « Destination du père de famille vaut titre
» quand elle est ou a été par écrit et non autrement. » Ces dispositions bizarres furent-elles suivies des autres Coutumes? Nous ne parlerons pas
des pays de droit écrit, qui, suivant en général les
règles du droit romain, s'étaient depuis longtemps
déjà rangés au système adopté par la Coutume de
Paris. Mais dans les pays de coutume, les législateurs se partagèrent, et, si quelques-uns crurent
devoir adopter les règles que nous venons de repro-
duire, d'autres, et en grand nombre, refusèrent de
les imiter. Parmi ces derniers, nous citerons le pays
de Dourdan (art. 72), de Reims (art. 350), de Sedan
(art. 279), qui admettaient l'établissement des servitudes par la destination du père de famille, sans exiger de preuves par écrit (Voir, à ce sujet, Ferrière,
sur la Coutume de Paris ; Bourjon, t. II, p. 2 et suiv.;
Legrand, sur la Coutume de Troyes, tit. iv ; Duparc-

Poulain, t. III, p. 307 et suiv.). La Coutume d'Orléans, dans ses art. 227 et 228, reproduisit les termes
des art. 215 et 216 de celle de Paris.

Quelle était l'opinion des jurisconsultes sur la
rédaction des art. 215 et 216 ? Elle était loin, en
général, de lui être favorable. Sans parler, en effet,
de Lalaure, qui cherche à justifier la réformation
de la Coutume, en donnant comme motif qu'il était
à craindre qu'on ne finît par prendre pour des des-
tinations du père de famille des arrangements faits
par les locataires de maisons se joignant (motif que
nous nous permettrons de trouver peu sérieux), nous
voyons le président de Lamoignon, dans ses arrêtés,
déplorer qu'on se fût écarté des anciens principes.
Pothier, également sur la Coutume d'Orléans, se
refuse à admettre la doctrine nouvelle, et essaie de
démontrer que les art. 227 et 228 n'ont point le sens
qu'on leur donne en général. (Voy. Pothier, Coutume d'Orléans, tit. XIII, *Des servitudes réelles*,
art. 227 et 228, p. 174, 175 et 176.)

Les magistrats eux-mêmes, effrayés des conséquences qu'amenaient les nouveaux articles, cherchèrent à en adoucir la rigueur ; et, s'ils durent
appliquer la nouvelle loi, ils trouvèrent le moyen de
rendre le plus souvent cette application inutile. C'est,
notamment, ce qui arriva dans le fameux procès entre
les sieurs de Valleroche et Casaubon, rapporté par
Lalaure dans son *Traité* (p. 226 et suiv.). Voici
quelle en était l'espèce : Le sieur de Valleroche possédait à Paris deux maisons contiguës. Une de ces
maisons avait des fenêtres s'ouvrant sur une cour qui

dépendait de l'autre maison ; ce fut ce bâtiment qu'il vendit au sieur Casaubon. Dans le contrat, les parties avaient simplement stipulé que la maison était vendue telle qu'elle se comportait, sans en rien excepter ; seulement on ne faisait aucune mention des jours. Quelque temps après la vente, le sieur de Valleroche exigea la suppression des fenêtres, et son adversaire ayant résisté, il porta l'affaire devant le Châtelet, où il obtint gain de cause. Le sieur de Casaubon ne voulut pas s'incliner devant cette décision et il en interjeta appel ; ne se bornant plus à résister à la demande du sieur de Valleroche, il prit des lettres de rescision et demanda la nullité du contrat pour cause de lésion. Par arrêt du 20 mars 1760, le Parlement lui adjugea ses conclusions, si mieux n'aimait le sieur Valleroche laisser subsister les fenêtres objet du litige. Il paraît que ce dernier ne s'attendait pas à ce dénouement et qu'il aima mieux laisser les fenêtres plutôt que de rendre le prix en reprenant sa maison. Cet arrêt portait le dernier coup aux articles 215 et 216, et l'on put dire qu'à dater de sa prononciation, la constitution des servitudes, dans cette circonstance, pouvait être tacite, car la vente entière était résolue lorsque, ayant été faite sans explication, le vendeur prétendait modifier les anciennes dispositions. Nous allons voir quel système a suivi le Code.

Par le rapide historique que nous venons de faire sur la matière, nous savons maintenant ce qu'on entend par destination du père de famille : c'est l'arrangement que le propriétaire de plusieurs fonds a fait, et souvent même, lorsque les choses sont anciennes, a laissé subsister dans leur usage respectif. Tant que les fonds continuent à lui appartenir, le service ainsi établi ne constitue point une servitude, car *« nemini res sua servit. »* Mais si, par une cause quelconque, ils viennent à être divisés, le service, qui n'était qu'un libre usage du droit de propriété, se transforme en une véritable servitude. La loi suppose qu'il a été tacitement entendu entre les parties que les choses resteraient dans l'état où elles étaient au moment où elles ont cessé d'appartenir au même propriétaire ; c'est ce qui fait dire « que la destination du père de famille vaut titre. » Elle vaut titre en ce sens qu'elle en fait supposer l'existence. Toutefois cette présomption n'a lieu qu'à l'égard des arrangements susceptibles de constituer des servitudes continues et apparentes.

A quels caractères doit-on reconnaître la destination du père de famille ? L'art. 693 s'exprime en ces termes : « Il n'y a destination du père de famille que » lorsqu'il est prouvé que les deux fonds, actuelle-» ment divisés, ont appartenu au même propriétaire, » et que c'est par lui que les choses ont été mises » dans l'état duquel résulte la servitude. »

Celui qui invoque la destination du père de famille doit donc prouver deux choses :

1° Que les deux fonds actuellement divisés ont appartenu au même propriétaire ;

2° Que c'est par lui que les choses ont été mises dans l'état duquel résulte la servitude.

Mais de quelle façon cette preuve doit-elle être

faite ? M. Pardessus fait une distinction, selon qu'il
s'agit du premier ou du second des deux faits qu'on
doit prouver : « Le premier point, nous dit-il, est,
» par sa nature, susceptible d'être prouvé par écrit,
» ou par une preuve testimoniale précédée d'un com-
» mencement de preuve par écrit, preuve dont l'ap-
» préciation appartient aux magistrats. De quelque
» manière que le père de famille ait obtenu la pro-
» priété de deux objets, elle a dû nécessairement
» entrer dans ses mains par acquisition, donation,
» succession ou par tout autre titre semblable. Quand
» même, ce qui est extrêmement rare, il n'existerait
» aucun titre de cette espèce, l'acte qui aurait fait
» sortir de ses mains l'un ou l'autre objet y supplée-
» rait... Le second point à prouver peut véritable-
» ment l'être par témoins, parce qu'il consiste en
» des faits qui ne sont pas susceptibles ordinaire-
» ment d'être constatés par écrit. »

Nous ne saurions admettre la distinction faite par
le savant auteur, et nous pensons que, dans l'une et
l'autre hypothèse, la preuve testimoniale doit être
admise. Et, en effet, l'art. 693 n'exige aucun commencement de preuve par écrit, et ces termes sont
conçus de telle façon, qu'il est clair qu'il a eu précisément pour but d'admettre toute espèce de preuve.
En outre, il ne s'agit pas de prouver, en droit, que
l'auteur de l'arrangement était bien le véritable propriétaire, mais simplement d'établir en fait que les
deux héritages étaient tous les deux réunis dans sa
main à telle époque.

L'art. 693 semble exiger d'une manière formelle

la preuve que c'est par le propriétaire des deux immeubles que les choses ont été mises dans l'état
duquel résulte la servitude. Quelques auteurs, s'appuyant sur les termes de cet article, soutiennent que
la condition imposée est de rigueur. « Les art. 692
» et 693, dit M. Marcadé, parlent de la destination
» du père de famille, c'est-à-dire, comme les mots
» mêmes l'indiquent, du cas où les fonds ont été mis
» dans l'état qu'ils présentent par leur propriétaire
» unique; la loi s'en explique clairement : *Il n'y a*
» *destination du père de famille*, dit l'art. 693, *que*
» quand c'est *par lui* que les choses ont été mises
» dans cet état, et non pas quand la servitude exis-
» tait avant qu'il fût propriétaire des deux immeu-
» bles » (tit. II, art. 694, n° 3). Ces idées doivent-
elles être acceptées ? Nous ne le pensons pas, et il
suffit, selon nous, pour que le vœu de l'art. 693 soit
rempli, que les choses aient été *laissées* dans l'état
où elles sont. Et, en effet, il y a absolument même
raison de décider : aucune différence n'existe entre le
cas où le maître de deux héritages a lui-même assujéti l'un d'eux au service de l'autre, et celui où il a
maintenu un assujétissement préexistant. L'anté-
riorité de cet assujétissement en rend l'autorité plus
évidente ; il fortifie donc plutôt qu'il n'affaiblit la
présomption que la loi tire de la destination du père
de famille. Et telle était bien la doctrine de Pothier,
qui (sur l'art. 228, Cout. d'Orléans, note 2) voulait
« que l'on prouvât que la fenêtre ou l'égout existaient
» dès le temps que les deux maisons appartenaient
» au même maître. »

Nous pouvons ajouter, avec M. Demolombe, que la vérité est que le propriétaire, en réunissant les deux fonds dans sa main, et laissant subsister l'assujétissement qui existait entre eux avant leur réunion, s'est lui-même approprié cet arrangement, et qu'il doit être réputé l'avoir fait.

Le propriétaire seul peut établir une servitude par destination du père de famille. (Les expressions *père de famille* sont ici entendues dans le sens du droit romain, *paterfamilias*, propriétaire.) Mais il faut que l'arrangement d'où découle cette destination ait été fait par le propriétaire pour l'utilité des fonds eux-mêmes, et *perpetui usus causa*. Le mot *destination*, employé par le Code, prouve bien qu'il s'agit d'arrangements à perpétuelle demeure et non momentanés. Le tribun Albisson s'exprimait en ces termes : « Dumoulin ajoute une condition que le projet n'avait » pas besoin d'énoncer, parce qu'elle n'est qu'une » conséquence nécessaire de tout l'ensemble de sa » théorie, savoir : que la destination doit avoir pour » objet un avantage perpétuel, et non une commo- » dité ou une convenance passagère » (rapport de M. Albisson au Tribunat). *Destinatio causa commodioris usus, si non temporalis sed perpetua*, disait Dumoulin sur l'art. 91 de l'ancienne Coutume de Paris.

Après avoir dit, dans l'art. 692, que la destination du père de famille vaut titre à l'égard des servitudes continues et apparentes, et déclaré dans l'art. 693 qu'il n'y a destination du père de famille que lorsqu'il est prouvé que les deux fonds actuellement divisés ont appartenu au même propriétaire, et que c'est par lui que les choses ont été mises dans l'état duquel résulte la servitude, le législateur ajoute, dans l'art. 694 : « Si le propriétaire de deux héritages » entre lesquels il existe un signe apparent de ser- » vitude dispose de l'un des héritages, sans que le » contrat contienne aucune convention relative à » la servitude, elle continue d'exister activement ou » passivement en faveur du fonds aliéné ou sur le » fonds aliéné. »

Cet article a donné lieu à bien des difficultés ; de nombreux systèmes se sont élevés, commentant ses expressions et cherchant à les concilier avec celles des articles précédents. Aujourd'hui encore, on discute et l'on cherche quelle a pu être la véritable pensée du législateur, lorsqu'il a créé l'art. 694. Ses termes, en effet, sont conçus de telle façon qu'à la première lecture ils présentent une véritable antinomie avec les expressions des articles précédents. Nous avons déjà cité ces différents articles, nous n'entendons pas les reproduire ici. Mais en se reportant à ces articles, on voit en effet qu'alors que l'art. 692 ne déclare admettre la destination du père de famille qu'à l'égard des servitudes *continues et apparentes*, l'article 694, au contraire, énonce que la servitude *continuera* d'exister lorsqu'il en restera un signe *apparent*. Cet article nous présente l'espèce de la destination du père de famille, et cependant il ne semble pas exiger la *continuité* de la servitude. Comment concilier les articles, et quelles explications donner?

On compte jusqu'à six systèmes différents sur la

question. Nous allons les passer successivement et rapidement en revue :

Premier système. — Le premier et le plus ancien consiste à soutenir que l'art. 694 a modifié l'article 692, et qu'il supprime la continuité. Ce système, enseigné par MM. Taulier, Delaporte, est de beaucoup le plus simple, mais nous ne saurions l'adopter ; car, sous le prétexte de concilier les textes de la loi, il les modifie.

Deuxième système. — Le deuxième système est tout l'opposé du précédent. Les auteurs, parmi lesquels nous remarquons M. Toullier, expliquent l'article 692 par l'art. 694. D'après eux, les art. 693 et 694, ne sont qu'une suite de l'art. 692 ; et la servitude doit toujours être continue et apparente. Ce système doit être rejeté comme le premier ; les termes de l'art. 694, qui n'exige qu'un *signe apparent* pour que la servitude puisse continuer d'exister, s'opposent à son adoption.

Troisième système. — Dans le troisième système, basé en grande partie sur les anciennes Coutumes, on fait une distinction. Les art 692 et 693 règlent le cas où la séparation des héritages résulte d'un partage : la continuité et l'apparence sont alors nécessaires. L'art. 694, au contraire, règle le cas où la séparation des héritages résulte d'un acte de disposition ; alors l'apparence suffit. Ce système, entre autres raisons, est combattu par les suivantes : l'article 692 déclare que la destination ne vaut titre que pour les servitudes continues et apparentes, tandis qu'on arrive à rendre la destination du père de famille quelquefois efficace pour la création des servitudes discontinues.

Quatrième système. — Le quatrième système consiste à soutenir que l'art. 694 est tout à fait étranger à la destination du père de famille, les art. 692 et 693 étant les seuls qui s'occupent de cette destination. Lorsque le propriétaire de deux fonds entre lesquels il existe un signe apparent de servitude dispose d'un de ces fonds, il crée la servitude pour ou contre le fonds aliéné , par cela seul que. l'acte d'aliénation garde le silence à cet égard , *sans qu'il y ait lieu de rechercher par qui les choses ont été ainsi établies.* L'établissement de la servitude est donc le résultat de la volonté réciproque du disposant ou du vendeur et de celle de l'acquéreur : c'est une espèce de contrat synallagmatique. Ce système est contraire à la loi, car aux trois modes d'acquisition des servitudes que nous avons mentionnés il en ajoute un quatrième : la volonté tacite et présumée des parties pour les servitudes apparentes continues et discontinues.

Deux autres systèmes sont restés en présence. Dans l'un et l'autre, on s'accorde à reconnaître que la condition d'apparence suffit pour l'établissement de la servitude, dans l'hypothèse prévue par l'art. 694, mais qu'il y dans l'espèce réglée par cet article quelque chose de particulier qu'on ne rencontre pas dans l'espèce de l'art. 693. En quoi consiste ce quelque chose de particulier qui différencie les deux cas? là est le débat.

Cinquième système. — Ce système est présenté et soutenu avec une grande énergie par MM. Demolombe, Ducaurroy, Roustain et Bonnier. Il peut se traduire ainsi : les articles 692, 693 et 694 se rapportent bien tous trois à la destination du père de famille, c'est-à-dire à l'établissement d'une servitude par l'effet de la séparation des deux héritages réunis d'abord dans la même main ; mais cette destination a plus ou moins d'effet, selon le caractère de la servitude qu'il s'agit d'en faire résulter. S'agit-il d'une servitude continue et apparente, la destination du père de famille *par elle-même et par elle seule vaut titre clors :* c'est le cas prévu par les articles 692 et 693. Si, au contraire, au moment de la séparation des héritages, il n'y avait entre eux qu'un signe apparent de servitude, cette *destination* ne suffit pas ; il faut en outre que le contrat par suite duquel la séparation s'est opérée ne contienne *aucune convention relative à la servitude,* et que, par conséquent, cet acte *soit représenté* afin que l'induction que l'on déduit du signe apparent de la servitude soit corroborée et confirmée par le silence du titre à cet égard : c'est le cas prévu par l'art. 694. Ce système consiste donc, en résumé, à exiger ou à ne pas exiger la représentation du titre, selon que la servitude est discontinue ou continue. Il nous paraît difficile de croire que le législateur ait eu l'intention de cacher une pensée aussi simple sous la rédaction si développée des art. 693 et 694. De plus, les auteurs qui le soutiennent ne prennent nul souci des paroles prononcées par le tribun Albisson, paroles émanant, il est vrai, d'un simple rapporteur, mais, qui en définitive, représentent l'opinion de la section de législation, et qui

n'ont soulevé aucune observation de la part du tribunat. Le tribun s'exprime ainsi : « Le propriétaire de
» deux héritages dont l'un, avant leur réunion dans
» sa main, devait un service à l'autre, vient à disposer
» de l'un ou de l'autre, sans qu'il soit fait aucune
» mention de servitude dans l'acte d'aliénation : la
» servitude active ou passive continue-t-elle d'exis-
» ter? On pouvait opposer et on opposait en effet
» que, toute servitude étant éteinte lorsque le fonds à
» qui elle est due et celui qui la doit sont réunis
» dans la même main (règle certaine et consacrée
» même en termes formels par l'art. 698 du projet),
» il était indispensable, pour la conservation de la
» servitude, qu'elle eût été réservée expressément
» dans l'acte d'aliénation. Mais on ne prévoyait pas
» le cas où, la chose parlant d'elle-même, la réserva-
» tion ne devenait plus nécessaire ; et c'est ce cas que
» le projet prévoit très-sagement. Ainsi, dans l'espèce
» supposée, si la chose parle d'elle-même, c'est-à-
» dire, comme s'explique le projet, *s'il existe entre les*
» *deux héritages un signe apparent de servitude,* le
» silence des contractants n'empêchera pas qu'elle ne
» continue d'exister, activement ou passivement, en
» faveur du fonds aliéné ou sur le fonds aliéné. »
(Discours du tribun Albisson au Tribunat, Fenet,
t. XI, page 328.) Enfin nous demanderons comment,
d...s ce système, on peut expliquer d'une façon
satisfaisante les mots *continue de subsister* dont se
sert l'art. 694.

Sixième système. — Le sixième et dernier système,
que nous déclarons adopter, peut ainsi se formuler :

L'art. 603 règle le cas de l'établissement, l'art. 694 le cas du rétablissement d'une servitude. L'établissement d'une servitude, par la destination du père de famille, exige la double condition de continuité et d'apparence. Pour le rétablissement d'une ancienne servitude, la condition d'apparence suffit.

Le rapport fait au Tribunat par M. Albisson (rapport que nous avons précédemment cité) indique d'une façon très-précise les motifs et le véritable sens de l'art. 694. — Le droit romain décidait, dans l'hypothèse qui nous occupe, que, la servitude étant éteinte par confusion, elle ne pouvait revivre qu'à l'aide d'une stipulation ou d'une réserve expresse dans l'acte par lequel la division s'opérait (Lalaure, *Traité des Servitudes réelles*, liv. III, chap. VIII). Nos législateurs ont pensé que, lorsqu'il existe un signe apparent de la servitude anciennement établie, toute stipulation devient inutile, « la chose parlant d'elle-même; » et les termes qu'ils ont employés dans l'art. 694 — « continue d'exister » — manifestent clairement leur intention à cet égard. Il est évident en effet qu'ils ont supposé une servitude existant avant la réunion des deux héritages dans la même main, car, en vertu du principe *res sua nemini servit*, aucune servitude n'a pu être établie durant cette réunion. — M. Bourbeau (*Traité de la justice de paix*, n° 370), résume ainsi ce système : « Sans entrer dans » une discussion de la doctrine et de la jurispru- » dence, dit le savant professeur, j'établis ainsi l'hy- » pothèse qui, suivant moi, est prévue par le texte. » Il peut se faire que deux fonds entre lesquels il

» existe un *signe apparent* de servitude aient été
» réunis dans la même main, puis que l'un d'eux ait
» été aliéné : la servitude qui avait disparu lorsque la
» réunion des fonds dominant et servant s'était opé-
» rée, *res sua nemini servit*, reparaît lorsque la
» séparation des deux fonds a eu lieu de nouveau
» par l'aliénation de l'un d'eux, et *continue* d'exister
» au profit ou à la charge du fonds qui a été vendu,
» donné ou même attribué en partage. Telle est
» l'hypothèse prévue par cet art. 694. Le discours
» du tribun Albisson au Corps législatif, conforme à
» la doctrine des commentateurs de la Coutume de
» Paris, Ferrières et Lecamus, ne permet pas de
» donner au texte un autre sens. »

La disposition de cet art. 694 s'applique même
aux servitudes discontinues, pourvu qu'elles se manifestent par un signe apparent. Et l'on comprend très-
bien que les rédacteurs du Code aient établi ce
système, même pour les servitudes discontinues, eux
qui n'avaient admis la destination du père de famille
que pour les servitudes continues et apparentes. Il
ne s'agit pas en effet, dans l'hypothèse prévue par
l'art. 692, de l'établissement d'une servitude nouvelle,
mais bien du rétablissement, comme servitude, d'une
charge qui avait autrefois ce caractère et qui, en le
perdant momentanément, n'avait pas cessé d'exister
de fait.

Le signe apparent de servitude exigé par l'art. 694,
et qui peut être situé aussi bien sur le fonds dominant que sur le fonds assujéti, car l'article ne s'explique pas à cet égard, doit-il consister en ouvrages

d'art, de maçonnerie, ou en toute autre espèce d'ouvrages propres à faire ressortir l'apparence? Nous
pensons, avec M. Demolombe, qu'une simple tranchée
pourrait, suivant les cas, être jugée suffisante, mais
qu'il faut toujours que le signe, quel qu'il soit, arti-
ficiel ou naturel, soit permanent; il faut qu'il atteste
un état de choses établi *perpetui usus causa*. De
simples barrages momentanés ne satisferaient donc
pas à cette condition.

Les art. 692 et 693 s'appliquent non-seulement au
cas où il existe deux héritages distincts, mais encore
au cas de la vente ou division en plusieurs lots d'un
seul et même héritage. En est-il de même de l'article 694? nous ne le pensons pas. Nous avons enseigné que l'art. 694 ne s'applique qu'à l'hypothèse
d'une servitude préexistant avant la réunion des héritages dans la même main; il est donc bien évident
qu'il ne peut recevoir d'application au cas de division
en deux ou plusieurs lots d'un même héritage, puisqu'il ne peut pas y avoir de servitude préexistante.

POSITIONS.

DROIT ROMAIN.

I. Les servitudes urbaines sont celles qui entraînent une idée de superficie ; les servitudes rurales sont celles dont l'existence ne dépend que du sol.

II. Les pactes et les stipulations ne peuvent constituer les servitudes comme droits réels.

III. La *scientia domini* n'était pas requise pour la prescription de long temps des servitudes.

IV. Avant comme après Justinien, le délai de la longue possession est de dix à vingt ans.

V. On ne doit pas assimiler complétement la prescription des servitudes à la prescription des choses immobilières.

VI. Les servitudes pouvaient être léguées *ipso jure*, sous condition suspensive.

VII. On ne peut, *jure civili*, limiter par une condition expresse la durée d'une servitude.

DROIT FRANÇAIS.

CODE CIVIL.

I. Les servitudes constituées sur un fonds par l'héritier apparent ne doivent pas, en général, être maintenues.

II. Le mot *titre*, dont se servent les art. 690 et 691, désigne non la preuve écrite du droit, mais tout fait juridique de nature à le créer.

III. Depuis la loi du 23 mars 1855, les contrats portant donation de servitude doivent être transcrits.

IV. En ce qui concerne la prescription acquisitive des servitudes, la suspension résultant de la minorité d'un des copropriétaires ne pourra pas être invoquée par le copropriétaire majeur après le partage qui lui aura attribué l'immeuble en entier.

V. La bonne foi jointe à un titre émané d'un non-propriétaire ne permet pas d'acquérir une servitude par la possession de dix à vingt ans, conformément à l'art. 2265.

VI. Les servitudes discontinues apparentes ne peuvent s'acquérir par la prescription, alors même que leur possession s'appuie sur un titre émané *a non domino*.

VII. Il y a destination du père de famille non-seulement quand le maître des deux fonds les *a mis* dans l'état d'où résulte la servitude, mais encore lorsqu'il *a laissé* subsister cet état antérieur à la réunion des deux fonds.

VIII. L'art. 693 règle le cas de l'établissement, l'art. 694 le cas du rétablissement d'une servitude.

PROCÉDURE CIVILE.

I. Les tribunaux civils doivent refuser d'office de connaître des affaires commerciales qui leur sont déférées, toutes les fois qu'un tribunal de commerce existe à leurs côtés.

II. Serait nul un exploit signifié un jour de fête, ou à une heure indue.

DROIT COMMERCIAL.

I. La femme mariée non commerçante qui a souscrit une lettre de change avec l'autorisation de son mari est justiciable des tribunaux de commerce.

II. Le consentement du mari pour habiliter la femme mariée à faire le commerce ne peut, en aucun cas, être suppléé par l'autorisation de justice.

III. L'action en résolution existe dans la vente commerciale, sauf en cas de faillite.

DROIT ADMINISTRATIF.

I. Le jugement d'expropriation pour cause d'utilité publique ne crée pas la domanialité publique.

II. Les lais et relais de la mer ne font pas partie du domaine public, malgré ce qui est écrit dans l'art. 538 du Code civil.

DROIT CRIMINEL.

On ne doit pas appliquer au complice l'aggravation de peine résultant d'une qualité personnelle de l'auteur principal.

La Cour peut même, en présence d'un verdict de non-culpabilité prononcé par le jury, statuant sur les conclusions de la partie civile, lui accorder des dommages-intérêts.

———————

Vu par le président de l'acte, doyen honoraire,

O. BOURBEAU, (C. ✻).

Vu par le doyen de la Faculté, LEPETIT, ✻.

Permis d'imprimer :

Le recteur de l'Académie, A. CHERUEL, (O. ✻).

Poitiers. — Imp. de A. Dupré.

www.ingramcontent.com/pod-product-compliance
Lightning Source LLC
Chambersburg PA
CBHW071838200326

41519CB00016B/4153